Japanische Gartenkunst

1 Koshi Saito, zeitgenössischer Graphiker: Schnee und Abendsonne

2 Steinernes Becken mit Wasserzuleitung kakehi

3 Komposition von Gartenlaterne und gestutzten Sträuchern

4 Metallaternen mit Glyzinien. Diese Blütenpflanze ist besonders in großen Kloster- und Ringgärten (kaiyu) beliebt

Japanische Gartenkunst

Text von Zdeněk Hrdlička
und Věnceslava Hrdličková
Fotografien von Zdeněk Thoma

Dausien

JAPANISCHE GARTENKUNST

2. Auflage 1988
Text von Zdeněk Hrdlička
und Věnceslava Hrdličková
Aus dem Tschechischen von Anna Urbanová
Grafische Gestaltung von Aleš Krejča

VERLAG WERNER DAUSIEN • HANAU/M
ISBN 3-7684-1864-2
2/99/70-52-02

AUTOREN DER FOTOGRAFIEN:

Zdeněk Hrdlička und Věnceslava Hrdličková: 12, 14, 15, 23, 50, 54, 56, 62, 65, 69, 72, 79—81, 91, 93, 99, 107, 109, 113, 115, 117, 123, 124, 130, 135, 138, 141, 144, 160, 161, 163, 172, 178, 183, 186, 191, 202, 207, 209, 212—214, 218, 220, 226, 229, 232, 235, 237, 240, 244, 251, 259, 261, 263, 270, 280.
Václav Kašpar: 188
Otakar Kuča: 154
Ivan Tichý: 206
Zdeněk Thoma: 1—11, 13, 16—22, 24—49, 51—53, 55, 57—61, 63, 64, 66—68, 70, 71, 73—78, 82—90, 92, 94—98, 100—106, 108, 110—112, 114, 116, 118—122, 125—129, 131—134, 136, 137, 139, 140, 142, 143, 145—153, 155—159, 162, 164—171, 173—177, 179—182, 184, 185, 187, 189, 190, 192—201, 203—205, 208, 210, 211, 215—217, 219, 221—225, 227, 228, 230, 231, 233, 234, 236, 238, 239, 241—243, 245—250, 252—258, 260, 262, 264—269, 271—279, 281—284.
Die Prager Nationalgalerie hat freundlicherweise die Zustimmung zur Reproduktion der Nummern 7, 43, 44, 49 gegeben.

◁ *5* Keramikteller aus Kutani mit Gartenmotiv

◁ *6* Reinigungsbecken mit Schöpfkellen und Metalldrachen. Kiyomizu, Kyoto

Inhaltsverzeichnis

Einführung

Anliegen der Japaner war es stets, das Wesen der Schönheit zu ergründen, sie dort zu finden, wo sie sich im Naturgeschehen selbst darstellt und sie zum untrennbaren Bestandteil des Alltagslebens zu machen. Darum erhoben sie auch so einfache Handlungen wie das Teetrinken oder das Arrangieren in die Sphäre ästhetisch-philosophischer Erlebnisse und wußten im Verlauf von Jahrhunderten eine wohldurchdachte Begriffswelt aufzubauen, die der Schlüssel ist zum Verständnis ihrer Kunst.

Das gilt auch für die traditionellen ja-

7 Boote an einer Garteninsel, Heian-Zeit. Wandschirmmalerei. Unbekannter Maler, 17. Jh.

8 Die Insel Sado, Küstenlandschaft

panischen Gärten. Ihre Schöpfer werden mit den Dichtern verglichen — nur mit dem Unterschied, daß sie statt mit Worten ihr Anliegen mit Naturkomponenten ausdrücken: mit Steinen, Moosen, Wasser und Bäumen. Diese sollen den Menschen auch auf kleinstem Raum das wahre Wesen einer Landschaft wahrnehmen lassen und so eine Atmosphäre schaffen, in der das zerstreute Bewußtsein — die vom Alltagstrubel erschöpfte Psyche — Frieden findet.

Wer die japanischen Gärten wirklich kennenlernen will, darf weder ungeduldig sein noch darf er es eilig haben, denn sie enthalten so echte, typisch japanische Elemente, daß sie ohne Kenntnis des kulturellen Zusammenhangs nicht in ihrer ganzen Vielfalt gewürdigt werden können.

Die japanischen Gärten sind die

9 Natürliche Landschaft. Ausbruch des Vulkans Komagatake

10 Seelandschaft

Frucht der Arbeit von Menschenhand und Geist, sind lebendiges, von schöpferischer Vision erfülltes Bild der Natur. Sie tragen alle Merkmale eines Kunstwerks.

Der Weg zu einer Vollkommenheit des Ausdrucks, wie sie die japanischen Gärten erreicht haben, war lang und beschwerlich. Er ist das Werk von Generationen hochgebildeter Künstler und anonymer Gärtner. Seit den Zeiten, da weithin sich erstreckende Lustgärten der Unterhaltung des Adels dienten, dann im Mittelalter, da die Gartenkunst unter dem philosophischen Einfluß des Zen-Buddhismus mit den Trockenlandschafts- und Teegärten ihren Höhepunkt erreichte, bis hin zur Blüte der Park- und Residenzgärten.

Auf diesem jahrhundertlangen Weg haben die Japaner feststehende Regeln entwickelt. Charakteristisch dafür sind vor allem Schlichtheit, Kunst der Andeutung, der gedämpften Farben und Gefühle, aber auch Freude an Dingen, die von Asymmetrie, der Patina der Zeit und wehmutsvoller Trauer, dem ewigen Begleiter des menschlichen Lebens, gekennzeichnet sind.

All dies kommt im Plan und Aufbau des Gartens zum Ausdruck, dessen Hauptzweck es ist, wie es der Ästhet Soami[1] im 16. Jahrhundert ausdrückt, „mittels der einfachsten Dinge das Geheimnis der Natur und ihrer Schöpfung zu ergründen".

Das will heißen, daß derjenige, der die Kunst beherrscht, mit Steinen, Wasser und Pflanzen umzugehen, auch im kleinen Gartenteich die Unendlichkeit des Meeres sieht, daß ihm moosbewachsener Fels die Erhabenheit des Gebirges versinnbildlicht.

Das ist einfach und doch unendlich kompliziert. Es verlangt einen „Menschen mit reiner Seele", wie die Japaner sagen, viel Selbstverleugnung und die Fähigkeit, sich von den Gesetzen der

11 Sesshu: Landschaft, Anfang 16. Jh.

12 Akisato Rito: „Sakureizu", Titelblatt des Gartenbuchs, 18. Jh.

13 Steinerne Laterne, Nikko

15 Steinerne Laterne am See, Holzschnitt

14 Steinerne Laterne vom rankei-Typ, über der Wasserfläche hängend, Holzschnitt

Gartenkunst konsequent leiten zu lassen und diese zugleich voll schöpferischen Wagemutes zu übertreten.

Sichere Anleitung bei der Gartenarbeit war von jeher das vom Handwerk Erprobte und Vorgeschriebene, das nicht nur mündlich überliefert, sondern auch in geheimen, nur für die Zunftgenossen bestimmten Gartenbüchern niedergelegt wurde. Diese sind bis in die Gegenwart eine wertvolle Quelle für die Kenntnis der traditionellen Gartenbaukunst.

Die japanischen Gärtner standen immer der Malerei nahe, besonders der Tuschmalerei, auf der die Künstler mit wenigen meisterhaften Strichen das Wesen eines Bambusstammes, eines erblühten Pflaumenbaumes oder einer Gebirgslandschaft festhalten. Von ihnen übernahmen sie das Wissen um Raumgliederung, um Verteilung von Licht und

Schatten, von ihnen lernten sie auch die Kunst, dem Werk seinen inneren Rhythmus zu geben.

Denn der japanische Gärtner arbeitete mit einem von Zaun oder Mauer begrenzten Raum, ähnlich wie der Maler mit der weißen Papier- oder Seidenrolle. Und so wie die Maler jahrelang die Wiedergabe eines einzelnen Bestandteils des Bildes übten — von der Geraden bis zum Bambusstamm oder Berggrat —, bevor sie bis zu seinem wahren Wesen vordrangen, so machten auch die Gärtner ihre Lehrjahre durch, und es dauerte lange Zeit, bis sie sich an ein selbständiges Schaffen heranwagten. Nur Schritt für Schritt gingen sie vor. Sie lernten es, die Harmonie der Naturkräfte zu ergründen, Teiche und Bäche anzulegen, Sträucher und Bäume zu setzen, die Formen von Gartensteinen zu benutzen und all diese Bausteine zusammenzustellen, um die Symbolik des Gartens ausdrücken zu können, die zumeist mit den Vorstellungen von langem Leben und irdischem Glück oder der Beziehung des Menschen zur Natur verbunden war.

Die Japaner verstehen es, Aspekte und Elemente zu nutzen, so etwa die naturgegebenen Materialstrukturen, deren

16 Gartenbrücke, zu einer Insel führend. Garten, Kyoto

Schönheit in ihrer Rauheit, Unregelmäßigkeit, ja Alltäglichkeit verborgen ist. Farben, nicht in satter Leuchtkraft, sondern in Schattierungen und im Zusammenspiel der Töne. Formen, nicht in ihrem Ebenmaß, sondern in der Mannigfaltigkeit ihrer Verkrümmungen, als Zeugen der Wandlungen, Erfahrungen und Wunden, die alles in der Natur erleidet und die auch dem menschlichen Leben nicht erspart bleiben. Oder Spuren des Sonnenlichtes, das sich auf der Wasseroberfläche spiegelt, der Tanz fallender Blätter im dahinfließenden Bach, der leise Nachhall von Tönen. Denn neben dem Menschen ist die Natur allgegenwärtiger Mitschöpfer des Gartens. Sie verleiht ihm eine Wandelbarkeit, die ihm die menschliche Hand nicht geben kann. Sie benetzt den Garten mit Tau und Regentropfen und bedeckt ihn mit Schnee, hüllt ihn in Sonnenschein, dämpft seine Farben oder läßt sie hervortreten.

Wieviel bringt dies immerwährende

17 Geformter Baum — Komposition mit Gartenlaterne

Geschehen demjenigen, der es wahrzunehmen weiß! In Japan ist das Gefühl dafür zum Wesen der Kunst und des Lebens geworden.

Auf dem Weg zu ihrem Ziel gingen die japanischen Gärtner nicht nach der Methode einer genauen Beschreibung vor, sondern sie richteten sich nach oft nur angedeuteten Symbolen, mit denen sie den Kern der inneren und äußeren Eigenschaften der Natur erfaßten. Die Gartenkünstler wählten möglichst treffende und maßvolle Ausdrucksmittel. Darin besteht die Verwandtschaft der japanischen Gartenkunst mit der Haiku-Dichtung[2], in der wenige einfache Worte genügen, einen tiefen Gedanken auszudrücken. Nachdem die Grundmethoden

18 Zypresse, Wandschirmmalerei, 16. Jh.

erarbeitet waren, konnten die Gartenausmaße ständig verkleinert werden, ohne die innere Fülle zu verringern; ein Beweis dafür sind die Miniaturgärten in Schalen (Bonsai).

Japanische Gartentechniken, die geläuterten Kompositionsformen, die kühne Benutzung von Stoffen wie Steine, Sand und Kies und insbesondere der Grundsatz der engen Zusammengehörigkeit von Garten und Haus werden heute auch in der modernen Gartenarchitektur Europas immer häufiger angewendet.

In ihrer Gesamtheit sind die traditionellen japanischen Gärten vor allem ein künstlerischer Ausdruck der Dynamik der Verknüpfung von Raum und Inhalt und stehen in engster Verbindung mit dem Menschen. Sie sind eine Zusammenfassung jahrhundertealter Erfahrungen und führen in eine von konventionellem Denken befreite Sphäre. Sie sind der Weg zu Entspannung und Befriedung. Damit aber kommt eine so traditionelle Kunst, wie es die japanische Gartenkunst ist, den Bedürfnissen des heutigen Menschen überraschend nahe.

19 Traditionelle Gartenelemente in der modernen Großstadt, Shinjuku, Tokyo

20 Kiyoshi Saito: Der Steingarten in Kyoto ▷

Kiyoshi Saito

21 Kiesfläche beim Shinto-Heiligtum in Ise

„Sie weilten ohne Worte —
Gastgeber, Gast
und die weiße Chrysantheme."
Ryota

Die Entstehung der japanischen Gärten

Die japanische Gartenkunst wurzelt tief in der Vergangenheit, in einer Zeit, die eine entscheidende Wende für die Entwicklung des Inselreichs bedeutet, dieses Landes mit seiner mannigfaltig schönen Natur, die die Gefühle, die Vorstellungs- und Schaffenskraft der Menschen erweckte und ihnen auch ihren ursprünglichen Glauben, den Shintoismus — „Weg der Götter" genannt, gab.

Im Laufe des 6. Jahrhunderts begann eine neue Religion, der Buddhismus, von Korea nach Japan vorzudringen, der es im Gegensatz zum Shintoismus nicht an äußerem Glanz fehlte und der es gelang, die Phantasie der Gläubigen und Künstler zu inspirieren. Dieser Buddhismus, nicht in seiner ursprünglichen indischen Gestalt, sondern beeinflußt vom Denken der Chinesen, vom taoistischen Streben nach einer Harmonie des Menschen und der Natur, des ewigen Kreislaufs von beiden. Es war ein glückliches Zusammentreffen, denn auch der einfache heimische Shinto-Glaube, in dem Naturkräfte verehrt wurden, war auf das gleiche Ziel gerichtet. So kam es zwischen dem Shintoismus und dem Buddhismus zur gegenseitigen Einwirkung und Verschmelzung. Dabei behielt die alte Reli-

22 Haus im Shinden-Stil und Garten der Heian-Zeit. Detailansicht eines Wandschirmbildes, 12. Jh.?

gion auch weiterhin ihre Selbständigkeit und verblieb in den folgenden Jahrhunderten dauernder Bestandteil des japanischen Denkens.

Mit dem Buddhismus kam auch die hochentwickelte chinesische Zivilisation ins Land Yamato, wie Japan damals hieß. Die Japaner, die bis dahin keine eigene Schrift besaßen, übernahmen das komplizierte Zeichensystem und wurden mit dem System der politischen Organisation und Philosophie Chinas konfrontiert, das zu jener Zeit bereits auf eine alte Tradition zurückblickte.

Es ist bewundernswert, wie leicht und schnell Japan diesen Ansturm neuer Gedanken bewältigte, sie zum eigenen Gebrauch umwandelte und so eine der beachtenswertesten Zivilisationen der Welt schuf. Dabei entstand eine neue, dem

23 Modell eines Gartens vom shinden-zukuri-Typus, Tosanjo

24 Der Kaiserpalast in Kyoto, wiederhergestellt 1855. Die Kiesfläche mit zwei Bäumen als Palastvorgarten gestaltet

modernen Menschen ungemein nahestehende Dimension des Schönen.

Die erste Periode, von der Mitte des 6. Jh., da Japan seine Chinakenntnisse vor allem durch Vermittlung Koreas erwarb, bis zum Jahre 724, in dem direkte Beziehungen zu dem glänzenden und mächtigen T'ang-Reich[3] aufgenommen wurden, war gekennzeichnet vom eifrigen Bemühen, alles Neue aufzunehmen. Dekrete und Reformen sollten so schnell wie

möglich die politische Struktur des Landes verändern. Keine Kosten wurden gescheut, um den Hof dieses im Vergleich mit China kleinen Staates im gleichen Glanz erstrahlen zu lassen.

In diesem Sinn wurde in Japan die Gründung einer dem chinesischen Ch'ang-an ähnlichen Residenz beschlossen. Das war nun etwas völlig Neues, denn bisher war es Brauch gewesen, den Wohnsitz des Kaisers, einen recht

25 Hauptgebäude des Kaiserpalastes in Kyoto — Shishinden mit Audienzsaal. Die tiefe weiße Kiesdecke der ebenen Fläche vor der Palastfront — mit zwei Bäumen, dem Zitronenbaum links und der Sakura rechts — erinnert an die ersten Gartenanlagen der Heian-Paläste im Shinden-Stil

schlichten Holzbau, zu verlassen, sobald er das Siegel des Todes seines Herrn trug, um meist nur in geringer Entfernung dann einen neuen zu errichten.

Im Jahre 710 entstand in Mitteljapan mit Hilfe koreanischer und chinesischer Handwerker nach chinesischem Vorbild die Hauptstadt Heijo-kyo[4]. Sie diente sieben Kaisern der Nara-Zeit[5] als Residenz. Nach der 784 erfolgten Verlegung der Hauptstadt nach Nagaoka zog der Hof 794 nach Heian-kyo (dem heutigen Kyoto) — der Stadt der Ruhe und des Friedens. In der Heian-Zeit[6] war sie fast drei Jahrhunderte lang Mittelpunkt des Landes und unter dem Namen Kyoto bis zu Beginn der zweiten Hälfte des 19. Jh. Sitz der japanischen Kaiser.

In die Perioden Nara und Heian fallen mit der Entwicklung der Architektur auch die Anfänge der japanischen Gartenkunst. Die Voraussetzungen für die Entstehung der hochentwickelten Heian-Gärten waren, neben dem chinesischen Vorbild, mit der vom Shintoismus auch weiterhin beeinflußten Beziehung der Japaner zur Natur gegeben. In grauer Vergangenheit hatten die Inselbewohner an eine geheimnisvolle unergründliche Urkraft — monooke — geglaubt, die das All und die ganze materielle Welt erfüllt und als deren erstes Symbol der Stein galt. Mit der allmählichen Erschaffung des shintoistischen Pantheons wurden den Göttern auch bestimmte Orte geweiht, wo diese verehrt wurden; diese heiligen Stätten waren genau umgrenzt und mit Sand oder Kies bestreut. So entwickelte sich das japanische Schönheitsgefühl und Raumempfinden, das in der Gartenbaukunst seinen Niederschlag fand.

Auch der Brauch, die Umgebung von Grabhügeln früherer Herrscher auf Inseln in künstlichen Seen sorgsam zu pflegen, hat zweifellos zur Weiterentwicklung der Gartentechnik beigetragen.[7] Wie nach den erhaltengebliebenen Grabhü-

26 Außengarten des Kaiserpalastes. Im Hintergrund der Mino-Palast

27 Der Mino-Palast in Kyoto bildet eine Einheit mit dem Garten

geln vermutet werden darf, waren diese bewaldet und die Seeufer mit Steinen befestigt und geschmückt.

Gartenbauwerke sind vergänglicher als andere Kunstwerke. Und so kann man auch in Japan, wo der Bewahrung altertümlicher Gärten große Sorgfalt gewidmet wird und die schönsten zum Nationaldenkmal erklärt wurden, die reiche Gartenbautätigkeit vom Ende des 7. bis zum ausgehenden 12. Jahrhundert nur noch an Bruchteilen erkennen, denn die Stadt Heian-kyo (Kyoto) fiel zu Beginn des 13. Jh. einer vernichtenden Feuersbrunst zum Opfer. Doch waren die Gärten ein so unerläßlicher Teil des Lebens der damaligen Gesellschaft und ein so beliebter Vergnügungsort des Adels, daß sie auch in der Dichtkunst erwähnt[8] und von Historikern und Romanschriftstellern beschrieben wurden. Auch zeitgenössische Maler und Illustratoren überlieferten sie auf ihren Längsrollen, e-makimono genannt. Die anschaulichste Wiedergabe des damaligen gesellschaftlichen Lebens sind die Bildrollen aus dem 12. Jahrhundert, besonders die Nenju gyoji e-maki, d. h. „Riten und Bräuche im Laufe des Jahres".

Äußerst wertvolle Kenntnisse sind zwei Handschriftrollen zu verdanken, die unter dem Namen „Sakuteiki" (Anmerkungen zum Gartenschaffen) bekannt sind.[9] Für ihren Autor wird von den meisten der 1206 verstorbene Gokyogoku Yoshitsune gehalten. Andere halten Tachibana Toshitsuna für den Autor. Schon die Tatsache, daß ein solches Werk geschrieben wurde, zeugt für die Bedeutung der Gartenkunst in der damaligen Zeit.

Mit dem Sakuteiki begann die Reihe der Handbücher über Gartenkunst, die dann während der ganzen japanischen Geschichte geschrieben wurden. Die meisten wurden im Mittelalter geheimgehalten und innerhalb der Gärtnerzünfte vom Lehrer auf den Schüler weitergege-

28 In dem für Zeremonien bestimmten Tempelvorraum steht in der Regel nur ein einziger Baum oder nur einige wenige

29 Reinigungsbecken am Eingang zum Heian-Heiligtum, Kyoto

30 Steinlaternen beim Heiligtum Kasuga, Nara

ben, wie es auch bei den übrigen japanischen Handwerkern Brauch war. Damit wehrten sich die Zunftgenossen gegen das Eindringen Unberufener in die Geheimnisse ihres Gewerbes.

Wie bereits erwähnt, und wie es auch bei den übrigen Kunsthandwerken der Fall war, wurde die japanische Gartenkunst von China angeregt, wo sie auf eine lange Tradition zurückblickte, die sich bereits im 6. Jh. mit verschiedenen Gartentypen rühmen konnte. Unter den diplomatischen Geschenken, die der Kaiser von China an den japanischen Hof sandte, befand sich auch ein Gartenstein. Das Werk des chinesischen Dichters Po-

Chü-i[10], eines großen Gartenliebhabers, fand auch in Japan Anklang.

Einen beträchtlichen Beitrag zur Ästhetik der Gartenkunst in China und Japan leistete die in Europa unter dem nicht eben genauen Namen Geomantie bekannte damalige „Wissenschaft“ Feng-shuei. Sie entsprang dem chinesischen Natur- und Weltverständnis als Ausdruck eines harmonischen Zusammenspiels des Prinzips des Lichtes, der Männlichkeit und Kraft — chinesisch yang, japanisch yo — und dem Prinzip yin, japanisch in, das Halbdunkel, Weiblichkeit, Nachgiebigkeit verkörpert. Jeder Eingriff in diese Harmonie, jede Verletzung rief den Unmut böser Geister, die gemeinsam mit den guten Geistern die Natur belebten, gegen den Frevelnden herab. Davor mußte man sich hüten, insbesondere beim Haus- oder Gartenbau, und so entstand ein kompliziertes System

31 Metallaternen, Heiligtum Kasuga, Nara

von Regeln, Geboten und Verboten, das, wiewohl ein Produkt des Aberglaubens, seine gewissen praktischen Vorzüge besaß. Das Feng-shuei beeinflußte die chinesische und später auch die japanische Ästhetik in dem Sinne, daß Häuser und Gärten so gebaut wurden, daß sie einen natürlichen Bestandteil der Landschaft bildeten. Auch mußte man darauf achten, daß im Garten zwischen Schatten und Licht, zwischen runden und eckigen Dingen, zwischen „weiblicher Nachgiebigkeit“ und „männlicher Kraft“ Harmonie herrschte, wie es der Lehre In-yo entsprach.

Ferner war die Zahlensymbolik von großer Bedeutung, besonders die der Sieben, Fünf und Drei. Sie leitete die Gartenkünstler zu asymmetrischen Kombinationen von Steinen, Sträuchern und Bäumen an und ist als Kompositionselement bis in unsere Tage lebendig geblieben.

Die Grundsätze des Feng-shuei, die auf den ersten Blick zwar sehr streng und verbindlich scheinen, hatten ihr Gutes, da sich die Gärtner bemühten, ihr Werk dem Gleichgewicht der Natur anzupassen, auch wenn sie gegebenenfalls nur auf kleinster Fläche arbeiteten. Denn jede Abweichung von diesen Regeln zog nach den in ganz Ostasien eingewurzelten abergläubischen Vorstellungen ungünstige Folgen für das Schicksal des Menschen nach sich, konnte Unheil heraufbeschwören oder selbst den Tod bedeuten. Hier ist die Ursache zu suchen, warum die vielgestaltige Kunst der sich windenden Gartenwege und Stege entstand. Auf ihnen wandelten die guten und wohlgesinnten Geister, während die bösen nur gerade Wege liebten. Kein Wunder, daß noch heute vielen Japanern graut beim Anblick eines europäischen Gartens mit seinen schnurgeraden Wegen, während sich der Europäer beim Versuch, ohne Kenntnis des ideellen Zusammenhangs einen japanischen Garten anzulegen, vergebens fragt, warum ihm nicht gelingen will, die anmutige Vollkommenheit seines Vorbilds nachzuahmen.

Unter den vielfältigen chinesischen Gartenkunstwerken gelangte als erster der einen Palast oder Tempel umgebende Landschaftsgarten nach Japan.[11] Zur Nara-Zeit waren diese Bauten anfangs wohl direkt in die von Menschenhand noch nicht geformte, von der Umgebung durch eine Mauer getrennte Landschaft gesetzt worden. Das bestätigt einer der jüngsten archäologischen Funde bei der Nara-Hauptstadt Heijo-kyo. Hinter dem aus der Mitte des 8. Jahrhunderts stammenden ehemaligen Palast des Kaisers

32 Die Einbeziehung der Gezeiten hebt die Schönheit der Parkanlage beim Heiligtum Itsukushima hervor. Mittelpunkt der Landschaft ist das Holztor torii.

Shomu[12] wurden die Reste eines ausgedehnten ummauerten Parks entdeckt. Hier stand der Föhrenwald Shorinkyu, von dem die Chronik Shoku Nihongi berichtet.[13]

Die neue Hauptstadt Heian-kyo (Kyoto) war ähnlich wie Nara nach dem Muster der chinesischen Stadt Ch'ang-an in einer reizenden, an Bergen, Hügeln und Wasserläufen reichen Landschaft errichtet worden. Sie lag an einem sanften Hang, war von rechteckigem Grundriß und mit Wassergräben umgeben. Die Innenfläche war übersichtlich durch breite Straßen in Rechtecke geteilt und diese wieder durch Gassen und Gäßchen in kleinere Stadtteile gegliedert. Gräben mit fließendem Wasser säumten die Gassen. Der Pulsschlag regen Lebens und die Arbeit der Menschen ließen die Strenge des Schemas dieser aufblühenden Stadt vergessen. In den Palästen und Gärten der nördlichen Stadt wohnten die Reichen und Mächtigen, die den Palast des Kaisers umgaben.

In der zweiten Hälfte der Heian-Zeit (vom ausgehenden 9. Jh. an) nahm der Baustil shinden-zukuri feste Formen an; er war, wie sich überlieferten Bildrollen entnehmen läßt, eine japanische Variante chinesischer Vorlagen. Ähnlich wie alles, was aus China nach Japan kam, wurde er den Verhältnissen des Landes und dem Geschmack der Inselbewohner angepaßt.

In diesem Stil erbaute man den Kaiserpalast von Kyoto betrachtet, man bei ersterem vor allem Wert auf die für Zeremonien bestimmten Räume legte und ihn auch weiter ausbaute. Wenn man den 1855 restaurierten Kaiserpalastes von Kyoto betrachtet, kann man sich eine relativ genaue Vorstellung davon machen, wie er damals wohl ausgesehen haben mag.

Der Baustil Shinden entsprach dem warmen Klima dieses Teils Mitteljapans sowie dem regen gesellschaftlichen Leben am Kaiserhof und in den Adelssitzen. Manche damals in Gärten gepfleg-

33 Metallaterne und torii beim Heiligtum Itsukushima, Miyajima

34 Damhirsche beim Heiligtum Itsukushima. Hochwild galt als heilig und prägte die Atmosphäre der Tempelgärten mit.

ten Bräuche sind bis in die Gegenwart erhalten geblieben.

Die im Shinden-Stil errichteten Wohnsitze breiteten sich auf ausgedehnten Flächen aus. Das Hauptgebäude hieß, wie sein Stil, Shinden, wörtlich „Zum Übernachten bestimmter Palast“, und war durch Gänge, die in Veranden endeten, mit den Pavillons im Westen und Osten verbunden. Diese leichten und luftigen Holzbauten gingen auf der Südseite des Hauptgebäudes in einen Landschaftsgarten über, dessen Anlage eine echte Naturszenerie nachahmte. Wasser in verschiedenen Formen erhöhte den Zauber des Gartens, in Heian und Umgebung gab es ja keinen Mangel an Wasser. Neben künstlichen Hügeln und Hängen galt Wasser als unerläßliche Gartenkomponente.

In entsprechender Entfernung vom Shinden befand sich ein kleiner See mit einer Insel; das japanische Wort shima für Insel gab anfangs dem ganzen Garten den Namen. Dort, wo das Haus am nächsten stand, war die Insel mit dem Festland durch eine Bogenbrücke verbunden, soribashi genannt, während die Brücke auf der Südseite, hirabashi, das Wasser flach überquerte. Dort befand sich der Fischerpavillon sowie eine künstlich gefaßte Quelle. Von Osten ergoß sich ein Bächlein in den See, das ihn im Westen wieder verließ. Wege und Pfade wanden sich durch den Garten, an ihnen wuchsen Büsche und Bäume; die Farben ihres Laubes wechselten wie die der Blumentupfen mit den Jahreszeiten und veränderten das Landschaftsbild. Anhand überlieferter Bildrollen kann man feststellen, daß abwechselnd Koniferen und Sakura(Kirsch-), Ahorn- und Pflaumenbäume gesetzt wurden. Besonders das Pflanzen von Pflaumenbäumen war damals nach chinesischem Vorbild zur großen Mode geworden. Dennoch konnte dieses Ziergehölz, das oft noch vor Frühlingsbeginn, selbst bei gelegentlichem Schneeflockenfall, seine Blüten entfaltete, die Bewunderung und Liebe der Japaner zum Sakurabaum (Kirschbaum) nicht verdrängen. Der Bambus mit seinem elastischen Stamm und den feinen Blättern bildete eine besondere Zierde des Gartens. Unter den Blumen waren Azaleen, Schwertlilien, Pfingstrosen und Chrysanthemen die beliebtesten. Auf der Insel stand meist eine krummästige Föhre. Jeder Baum und jede Pflanze hatten ihre Symbolik und waren mit der Vorstellung langen Lebens und ewiger Glückseligkeit verbunden.

Künstliche Hügel, Steine und Wasserfälle belebten das flache Gelände. Alles war untereinander zu einem harmonischen Ganzen verbunden, beide Prinzipien, die des Lichts und des Schattens, der Härte und der Weichheit, der Männlichkeit und Weiblichkeit, waren verkettet.

Im Sakuteiki heißt es: „Beim Anlegen eines Gartens müssen die natürlichen Umrisse von Gewässern beachtet und Berge und Wasserläufe so angelegt werden, daß sie den Formen der Natur entsprechen ... Als erstes grabe darum deinen kleinen See so aus, daß er in seine Umgebung paßt. Dann erst errichte einen künstlichen Hügel und lege einen Fußpfad an nach der Form des Sees.“

Vom Aussehen der Heian-Paläste und Gärten kann man sich auch nach dem rekonstruierten Bauplan des Palastes Tosandjo[14] eine Vorstellung machen; er gehörte einem der mächtigsten japanischen Geschlechter — den Fujiwara. Neben den übrigen Gebäuden ist auf dem Bauplan auch der Musikpavillon eingezeichnet. Die Musiker spielten den Gästen auf, die in Booten über den See glitten. Drei Inselchen barg der See dieses Palastes; das mittlere, nakajima, verband eine Bogenbrücke mit dem Festland, das zweite erreichte man über eine flache Brücke, das dritte über eine Zugbrücke, welche sich den Booten öffnen konnte. Südöstlich vom westlichen Korridor befand sich ein Blumengarten, der senzai.

Zur Heian-Zeit planten bedeutende Dichter und Maler die Anlage von Gärten, unter ihnen erreichten Kudara no Kawanari, Kose no Kanaoka und Kose no Hirotaka besondere Berühmtheit.

Obgleich der Garten ein Werk von Menschenhand war, wirkte er ungezwungen und machte den Eindruck einer natürlichen Landschaft, weil er das Ergebnis sorgfältiger Überlegungen und tiefen Einfühlungsvermögens in die Welt der Natur vorstellte. Daher auch die Vielfalt seiner Komponenten. Wasserfälle z. B. konnten gerade, schräg, stark, dünn oder zweiarmig sein. Verschiedenartig waren auch die Formen der Seen und Teiche, je nach der Landschaftsart, die der Garten wiedergab. Die Inseln hatten symbolische Bedeutung. Zur Heian-Zeit war die mit dem uralten Tao-Mythos von den

35 Traditionelles Pfeilerkapitell an Gartenbrücken und Geländern

36 Die Pagode in Kofukuji, Erstbau 730, mit hochgewachsener Föhre kombiniert

Inseln der Unsterblichen im Östlichen Meer verbundene Symbolik sehr verbreitet. Auf einer dieser Inseln, Horai (chin. P'eng Lai-shan) entsprang der Sage nach das Lebenselixier aus einem Felsen, und der Kaiser von China Ch'in Shih-huang soll im Jahre 219 v. u. Z. eine Gruppe von schönen Knaben und Mädchen ausgesandt haben, damit sie die Insel finden und ihm das Lebenselixier bringen. Nach einer Fassung der Sage sollen die Meerfahrer die Insel fast erreicht und bereits erblickt haben, als ein ungünstiger Wind sie zurücktrieb.

Die Insel Horai symbolisierte in den japanischen Gärten langes Leben. Darum wurde sie oft in der Gestalt einer Schildkröte oder eines Kranichs gebaut, die ebenfalls als Symbole von Langlebigkeit galten. Man glaubte, die Schildkröte könne ein Alter von 10 000 Jahren erreichen, und der Kranich tausend Jahre alt werden. Die zu jener mythischen Insel fahrenden Schiffe veranschaulichte man durch eine Gruppe von Steinen zwischen Ufer und Insel. Sie hießen yodomariishi — Steine nächtlichen Wartens. In mehreren Varianten ist die Horai-Symbolik in den japanischen Gärten bis heute lebendig geblieben.

Auch verschiedene Tiere, die langes Leben und Glückseligkeit symbolisierten, wurden in den Heian-Gärten gehalten — so rote Karpfen in Wasserläufen, Mandarinenten und schneeweiße Kraniche an den Seeufern. Aus überlieferten Quellen geht hervor, daß es zur Heian-Zeit Mode war, in den Gärten berühmte Orte nachzubilden, wie die „Brücke der Götter" — Ama-no-hashidate, die noch im heutigen Japan ein sehr bewundertes Landschaftsbild ist.[15]

Erstaunlich ist die Gründlichkeit, mit der sich die damaligen Künstler bemühten, in ihren Werken die Wirklichkeit wiederzugeben. So soll, alten Quellen zufolge, der Adelige Minamoto Toru in seinen Seen Inseln errichtet und diese auf die gleiche Weise wie in der schönen Meeresbucht Shiogama mit Föhren bepflanzt haben. Um die Illusion zu vollenden, ließ er bei Gartenfesten an den Seeufern Feuer anmachen, wie es die Fischer taten, die zur Salzgewinnung in der

37 Gartenmotiv mit Pagode auf Lackschale

Bucht Meeresalgen verbrannten. Ein anderer Adeliger befahl, an den Ufern seines Gartensees schneeweißes Meeressalz auszustreuen, um die möglichst wirklichkeitstreue Vorstellung einer Meeresküste zu erwecken.

Das japanische Klima ist besonders in der Umgebung Kyotos, des damaligen Heian, gemäßigt, und der Adel verbrachte den Großteil des Jahres im Garten. So waren die Geschicke des Menschen und seines Gartens aufs engste verknüpft. Viele abergläubische Vorstellungen wirkten bei der Gestaltung des Gartens mit. Man glaubte, daß ein flacher Stein, in der „Schlaflage“ unweit des Schlafzimmers des Hausherrn gelegt, dessen vorzeitigen Tod zur Folge haben werde, oder daß ein Gartenstein in der Parallelstellung zur Tragsäule des Hauses Unheil für die Nachkommen bedeute. Überliefert ist ferner der Aberglaube, daß ein an einem künstlichen Hügel direkt auf das Haus zu endendes Tal das Schicksal der Tochter des Hauses unheilvoll beeinflussen könne. Alle diese Befürchtungen führten dazu, daß die Gärtner bemüht

38 Die fünfstufige Pagode Yukushiji, Nara

39 Garten und Kloster Kiyomizu, Kimono-Webmuster

40 Einbeziehung von Waldbeständen in die Gartenkomposition. Kiyomizudera. Blick auf den Okunoin-Pavillon

waren, jede Symmetrie zu vermeiden, die unnatürlich wirken würde. Bekannt ist ferner die Warnung, einen einzigen Baum mitten in den Garten zu setzen, denn das erinnere an das chinesische Zeichen für das Wort komaru — „in Schwierigkeiten geraten". Aus dieser von Naturgefühl beherrschten Wirrnis von praktischen Ratschlägen, Lebenserfahrungen, Befürchtungen von Mißgeschikken und dem Verlangen nach Glückseligkeit erstand der japanische Schönheitskode mit seiner vielförmigen Symbolik.

Für denjenigen, der tiefer unter die Oberfläche der Dinge zu dringen wußte, wurde der Garten zu einem unerschöpflichen Buch der Zeichen und Symbole, die mit der Schönheit der Natur ebenso zusammenhingen wie mit dem menschlichen Leben. In diesem Buch konnte er unaufhörlich lesen, es spendete ihm Freuden ohne Ende.

In der Heian-Zeit wurde es Brauch, bei Festlichkeiten die Gärten in ihren jahreszeitlichen Verwandlungen von luftigen Veranden aus zu betrachten oder sie von Booten mit kostbar geschnitztem Bug aus zu bewundern. Zu den beliebten Unterhaltungen gehörte das „Fest am gewundenen Bach". Man saß hintereinander am Ufer, einer nach dem andern, schrieb Verse, ließ sie mit einem Becher Reiswein ins Wasser gleiten, und der Strom trug sie zum Nachbarn, der seinen Reim hinzufügte.

Die Anregung zu einer neuen Richtung in der Gartenkunst ging zweifellos von Kaiser Saga[16] aus, der im Jahre 823 freiwillig auf den Thron verzichtete, um auf seinem von Gärten umgebenen Landsitz nach seinen Wünschen leben zu können. Der Garten war von dem 40 000 m^2 großen See Ozawa beherrscht, im Hintergrund ragten die malerischen Berge von Kyoto empor. Von der ursprünglichen Gartenkomposition sind zwei kleine Inseln im See und Seesteine übriggeblieben, die Schiffe beim Auf-

bruch nach der Insel Horai symbolisieren.

In historischen Quellen wird die Pracht dieses Gartens an Frühlingstagen geschildert, da er vom Gesang der Vögel erschallte und von Blumenduft durchweht wurde. An Herbstabenden betrachtete man das Spiegelbild des Mondes auf dem Wasser. Kaiser Saga, ein Kenner der chinesischen Literatur und Kalligraphie, liebte diese Landschaft und veranstaltete Gartenfeste, die der Betrachtung des Mondes gewidmet und mit einer Auszeichnung für das beste Gedicht auf ein gegebenes Thema, etwa „Der Schatten des Mondes über dem herbstlichen See" verbunden waren. Die Huldigung der lichten Schönheit des Mondes wurde zum dauernden Bestandteil der japanischen Kultur. Später baute man Mondveranden, die sich über dem Wasserspiegel erhoben, oder Brücken in Mondsichelform, auch Stege an Wasserfällen, von denen sich der Widerschein des silbernen Mondlichts im strömenden Wasser beschauen ließ.

Kaiser Saga war auch der Schöpfer der beim Adel von Heian dann verbreiteten Mode, „Gebirgsvillen" mit Seegärten zu bauen. Neben ihnen entstanden in der Umgebung der Hauptstadt unter dem Einfluß der buddhistischen Sekte Reine Erde — Jodo — Klosterstätten mit ausgedehnten Seegärten. Die Lehre dieser Sekte verbreitete sich rasch, da sie ihren Anhängern Wiedergeburt und Seligkeit des Westlichen Paradieses versprach, wenn sie nur den Amida Buddha mit Na-

41 Toshodaiji bei Nara, Kloster und Garten 759 vom chinesischen Abt Tien Chen gegründet. Der Farbenreichtum von Architektur und Garten läßt auf chinesischen Einfluß schließen

42 Gestutzte Bäume und Büsche, Horyuji, Nara

men anriefen, während die übrigen Sekten behaupteten, nur die Mühe des Einzelnen führe zum Heil.

Die Jodo-Klostergärten symbolisierten die Herrlichkeit des Paradieses, dienten aber auch als Vergnügungsstätten des Adels von Heian. Der religiöse Charakter dieser Gartenfeste war oft ein rein äußerlicher, und die recht weltlichen Lustbarkeiten erlaubten den Gästen vor allem Augenblicke des Vergessens, die sie brauchten, denn über der Stadt der Ruhe und des Friedens zogen sich immer düsterere Wolken zusammen. Das Land war von Hunger und Not geplagt, der Adel politisch und konfessionell entzweit.

Ein Bild von jenen Stätten der Freude kann man sich noch heute machen bei der Betrachtung des poesievollen Bauwerks „Halle des Phönix" — Byodoin — in Kyoto. Sie bildete einen Teil eines im Shinden-Stil erbauten Klosters und erhob sich direkt über der Wasserfläche. Ihrem machtvollen Zauber kann man sich auch heute noch nicht entziehen.

Mehrere glückliche Zufälle haben einen Teil eines Klostergartens mit See in einer entlegenen Gegend Nordostjapans, in der Stadt Hiraizumi bewahrt. Der Adelige Fujiwara Kiyohira, Herr von Motsu, hatte dort im 12. Jahrhundert eine Stadt gegründet, die mit Heian rivalisieren sollte. Nur Bruchteile des Gartens sind erhalten geblieben. Sie stimmen mit den Beschreibungen von Gartenbauwerken im Sakuteiki überein und gestatten die Vorstellung, daß sich an jenen Stätten einst ein Shinden-Bau erhob, ein See vom Typus der „Meeresseen" sich erstreckte, und Felsgestein, von Wellen und Wind zum Leben geformt, das Landschaftsbild vollendete.

Eine genaue Schilderung der Atmosphäre der Heian-Gärten ist im Liebesroman Genji-monogatari, „Die Geschichte vom Prinzen Genji", der Hofdame Mura-

43 Im Garten, Fächermalerei, die Atmosphäre der Heian-Zeit ist hier gut zu erkennen, unbekannter Maler, 17. Jh.

44 Nachen im Garten, Fächermalerei, Heian-Zeit, unbekannter Maler, 17. Jh.

saki Shikibu zu finden.[17] Laut diesem fast modern geschriebenen Roman war der Garten Erholungsort, Stätte von Liebesspielen, Leidenschaften, melancholischen Stimmungen wie auch der mannigfaltigen Gartenfeste des Jahres. Das Buch enthält Beschreibungen von Steinen, Bäumen, Seen und Wasserläufen, nach denen sich später die Illustratoren der verschiedenen Ausgaben dieses Romans sowie Maler gerichtet haben, die Fächer, Wandschirme und andere Kunstgegenstände mit Szenen aus der Erzählung der Dame Murasaki verzierten.

Im Kapitel „Das Blütenfest" schildert diese Hofdame ein Gastmahl, das der Kaiser im Frühling unter einem Sakurabaum beim Südlichen Hof gab. Obgleich man Regen vorhergesagt hatte, sei das Wetter prächtig geworden, die Sonne hervorgekommen und auf jedem Baum hätten Vögel gesungen. Der Kaiser habe durch das Los entschieden, welche Reime er allen Anwesenden zum Weiterreimen geben wollte. Man dichtete nach chinesischem Vorbild. Im Garten spielte Musik, am Abend wurde der reizende Tanz „Das Zwitschern der Frühlingsnachtigallen" getanzt.

Der Adel von Heian hatte sich im exklusiven Milieu seiner Paläste und Gärten eine eigene, wirklichkeitsfremde Welt geschaffen, die beherrscht war vom Bewußtsein der Kürze und Vergänglichkeit des Lebens, eine bittersüße poetische Welt, voll Frohmut und Wehmut. Es waren verwöhnte Ästheten, die sich da zum einzigen Lebenziel die Erfassung des Wesens der Schönheit erkoren hatten. Ihr Inspirationsquell war die Natur, nicht die Natur in ihrer ursprünglichen Gestalt, sondern so inszeniert, daß sie ihre Erlebnisse vertiefte und potenzierte, sie in nostalgische Abschiedsstimmung versetzte, in ihnen immer wieder Gefühle einer sonderbaren, schwer zu definierenden Trauer über die Vergänglichkeit aller Dinge erregte. Diese Trauer war ihre Arznei gegen die Verharschung der eigenen Seele. Sie hat ihren Ausdruck im Begriff mono no aware — „Wehmut über die Vergänglichkeit der Dinge". Im 18. Jh. deutete sie der Literaturkritiker Motoori Norinaga[18] als melancholische

45 Sanzenin in Kyoto, Blick in den Garten. Klostergründung im ausgehenden 18. Jh.

Empfindsamkeit gegenüber Dingen und Geschehnissen wie dem Fallen von Blütenblättern, unvergossenen Tränen, der Kürze des Aufgehens von Blütenknospen, dem plötzlichen Einbruch des Herbstes.

Auch heute noch gehören Bräuche zum japanischen Leben, die in den Gärten einer so fernen Zeit, wie es die Heian-Periode ist, entstanden sind. Es sind die Sakurafeste, die Kirschblütenfeste im Frühling, die Wanderungen zu den roten Ahornblättern im Herbst oder das Schreiben von Gedichten, die der Schönheit der Natur gewidmet sind.

Die in der Heian-Zeit gepflegte kunstvolle Anlage von Hügeln, Seen und Inseln sowie die damals aufgekommene Anordnung von Steinen sind die Grundlagen sämtlicher später entstandener Gartenbauarten. Diese ununterbrochene Tradition ist eine der Besonderheiten der japanischen Gartenkunst.

46 Gartenmotiv mit Heian-Wagen, Webmuster auf Kimonogürtel

47 Aoimatsuri in Kyoto — mit blühenden Glyzinien geschmückter Festwagen aus der Heian-Zeit

48 Gartenszene aus dem Roman „Die Geschichte vom Prinzen Genji", Malerei auf Papierwandschirm, unbekannter Maler, 18. Jh.

49 Der Festzug in traditionellen Heian-Gewändern, ein Rest alter Bräuche in Kloster- und Palastgärten

上座石
山門を向上関とす
坂を通昇路とす

„Der Weise erkennt alles, ohne irgendwohin zu gehen,
unterscheidet alles, ohne irgendwas anzusehen."

Lao-tse

Unerschöpfliche Inspiration

Goldene Dämmerung, weiche Moosteppiche, die glatte Wasserfläche mit dem Spiegelbild der Baumstämme, die wunderbare Farbensymphonie des Herbstes, Atmosphäre inneren Frohlockens, Stille, die von Menschenhand vollendete Natur — das ist die Stätte unerschöpflicher Inspiration seit dem 14. Jahrhundert, da der Klostergarten Saihoji in Kyoto, bekannt auch als Kokedera, das Mooskloster, besteht.

Der Klostergarten ist die Frucht des japanischen Strebens nach einem Aufgehen des Menschen in der Natur, nach der Erfassung des Wesens kosmischen Geschehens auf begrenztem Raum. Ein derartiges Freiwerden aller schöpferischen Kräfte, wie man es hier bewundern kann, war nur nach einem langen Weg der Selbstzucht, der Beherrschung der vorgeschriebenen Handwerksregeln und Kunstfertigkeiten möglich. Aufgrund dieser Einstellung ist es japanische Tradition geworden, weniger die augenfällige, rasch auflodernde und rasch verlöschende Pracht hochzuschätzen als vielmehr alles, was das Ergebnis beständiger Pflege von Handfertigkeit und Geistesgaben ist und dabei den geringen Bedürfnissen des Alltagslebens dient. Nichts war den Japanern gewöhnlich genug, um nicht des Versuches wert zu sein, es in ein ästhetisches Erlebnis zu verwandeln. Wenn sie dabei nicht in

51 Der Bambushain im Saihoji-Garten, Kyoto

◁ *50* Der Garten von Saihoji, Kyoto, Holzschnitt

52 Der Saihoji-Moosgarten, Kyoto

53 Rito, Landschaft mit Wasserfall, 18. Jh.?

54 Garten mit künstlichen Hügeln. Verteilung von Wasserfällen und Steinen, Zeichnung

seichte stereotype Formalität abgleiten wollten, mußten sie lernen, immer tiefer unter die Oberfläche zu gehen und dort neues zu enthüllen, wo der oberflächliche Betrachter schon alle Möglichkeiten für erschöpft hält.

Das klassische Zeitalter, in dem diese Geisteshaltung auch in der Gartenarchitektur Verkörperung fand, reicht vom 13. bis ins 15. Jahrhundert. Seine Anfänge standen im Zeichen durchgreifender sozialer Veränderungen. Obgleich der Kaiser auch weiterhin gesetzliches Oberhaupt blieb, hatte sich das wahre Machtzentrum vom überfeinerten und regierungsunfähigen Kaiserhof in der Stadt der Ruhe und des Friedens nach dem fernen Kamakura verschoben. Dort hatten sich die Militärregenten niedergelassen, um dem Einfluß der Hauptstadt möglichst fern zu sein, und führten in dem von Unruhen zerrütteten Land eine ihren Vorstellungen entsprechende Ordnung ein. In den ersten Jahren schworen sie auf strenge Disziplin und Mäßigkeit statt der üppigen Schwelgerei des Heian-Adels, auf tätigen Fleiß anstelle des endlosen Nichtstuns. Das Leben begann, nüchterne Farben anzunehmen. Die Sehnsucht nach Glückseligkeit auf den Inseln der Unsterblichen mußte Taten weichen.

Von stärkstem Einfluß auf das Denken und Handeln der Krieger war in jener Zeit die Lehre der buddhistischen Zen-Sekte[19], die auf ihrem Weg aus Indien durch den Filter der chinesischen Philosophie gegangen und vor allem vom Taoismus, jener poetischen Antithese zum streng rationalen Konfuzianismus, gezeichnet war.[20] Der Taoismus verwirft die Buchgelehrsamkeit als Mittel der Erkenntnis der Welt und sieht den Sinn des menschlichen Lebens in einer „Entleerung des Inneren von allen Nichtigkeiten", im Einswerden mit dem ewigen Naturgeschehen.

Auch die Zen-Lehre traute auf dem Weg zum Satori, der augenblicklichen Erleuchtung, weder der Kommunikation durch Worte noch dem Lesen von Buchstaben, sondern forderte Beherrschung der Gefühle und disziplinierte geistige Sammlung — eine Haltung also, die der Mentalität der Militärherrscher von Kamakura[21] ebenso entsprach wie später den Shogunen aus dem Geschlecht Ashikaga[22]. So wurde das Zen zu ihrer Ideologie und durchdrang sämtliche Gebiete des Lebens. Die dauerhaftesten und tiefsten Spuren aber hinterließ die Lehre in der Kunst, in der sie einen ganz persönlichen und ungemein hochentwickelten ästhetischen Kode mitgeschaffen hat.

Die Bedeutung der Zen-Lehre für das Kunstschaffen bestand vor allen Dingen darin, daß sie die Intuition pflegte und den Menschen von der Last der angewöhnten Gedankenverkettungen befreite, indem sie ihn durch Paradoxe schockierte, wie z. B. Erwägungen über einen schwarzen Hund, der weiß ist, oder darüber, was das Klatschen einer Hand ist. Damit wurde ein bisher seinem Wesen nach ungekannter geistiger Raum für künstlerisches Sehen und Empfinden frei. Doch es war kein eigenwilliger Weg. Er forderte Selbstverleugnung, hohe Konzentration, mühsame Lehrjahre ohne Worte, da der Adept vorübergehend seine Identität aufgeben, mit der vom Meister geschaffenen Atmosphäre einswerden und im stillen kahlen Raum den Sinn des Tuns seines Lehrers erahnen

55 Kaskade, ein häufiges Motiv in Gartenkompositionen

56 Aufstellung von Gartensteinen, Holzschnitt

57 Porträt des Malers und Gartenkünstlers Sesshu

mußte. Oft gelang es ihm erst nach Jahren disziplinierten Bemühens und Entsagens, die grundlegenden Kunstfertigkeiten seines Faches zu erlernen, sich in der nächsten Phase aus ihren Schranken zu heben und in Augenblicken der Erleuchtung mit wenigen Pinselstrichen das Wesen des Alls, oder mit wenigen Versen die Unendlichkeit der Stille zu erfassen.

In diesem Prozeß glich sich der Rhythmus des menschlichen Lebens dem Rhythmus der Natur an. So zögerten die Japaner nicht, die physische Natur selbst zum Gegenstand künstlerischer Umformung zu machen, wie es in der Gartenkunst geschah, die sich in der Zeit zwischen dem 12. und 15. Jahrhundert zu einem selbständigen Kunstzweig mit allen seinen Attributen und Gattungen entwickelte.

Diese Vorgänge lassen sich besonders nach der Rückkehr der Militärherrscher von Kamakura nach Kyoto, dem ehemaligen Heian-kyo, verfolgen, mit der die Muromachi-Zeit beginnt.[23]

Damals erreichte auch das Gärtnerhandwerk seine höchste Blüte. Verschiedene Technologien und Gärtnereischulen entstanden, auch der ästhetische und symbolische Kode, eine Fortsetzung der Grundsätze von Heian, wurde präzisiert. Bei der Suche nach neuen Ausdrucksmit-

58 Sesshu, Ama-no-hashidate, Anfang 16. Jh.

teln, die „in einem einzigen Grashalm die Unendlichkeit der Natur“ wiedergeben sollten, half das Vorbild der chinesischen Landschaftsmalerei sansuiga. Diese Bilder mußten mit ihren maßvollen Ausdrucksmitteln, ihren meisterhaften Tuscheschattierungen von sattem Schwarz bis zu zartem Grau in den japanischen Zen-Bekennern das Verlangen erwecken, die eigenen Empfindungen und die Ergebnisse konzentrierter Betrachtungen mittels der Natur selbst auszudrücken — durch die Fläche eines Steins, den Strom eines Wasserlaufs, das Grün eines Baums, durch jede Regung, jeden Glanz und Ton und Windhauch an nebligen Morgen, Mondnächten oder Herbstabenden. Die Zen-Maler ließen ihre Vorstellungskraft immer lakonischer werden, bis zu einem Grad, wohin ihnen der Pinsel des Malers nicht mehr folgen konnte. Sie erreichten ihr Letztes in den hoch symbolischen Sand- und Steinkreationen etwa der Meditationsgärten Ryoanji und Daisenin in Kyoto.

Methodisch gesehen hat die japanische Gartenkunst vieles mit einer anderen typisch ostasiatischen Kunst gemein-

59 Keiin Sochiku, Hütte am Bergbach, 15. Jh.

60 Vier elegante Unterhaltungen, Detailansicht, unbekannter Maler, 16. Jh.?

sam, der Kalligraphie. In den Regeln für Kalligraphen sind Grundsätze enthalten, die im wesentlichen auch für den Gärtner gültig sind. Wert gelegt wird auf seelisches Gleichgewicht und Reinheit der Seele, vollkommene Technik, Befolgung der vorgeschriebenen Formen und deren gleichzeitiges Überwinden, Bewahrung der Individualität und Erreichung einer Harmonie aller Teile des Werkes. Derartige Regeln gab es viele, sie wurden mit der Zeit immer genauer und änderten sich je nach Art und Aufgabe des Gartens. Der wichtigste Grundsatz, der bereits seit der Heian-Zeit galt und in der Einleitung des Buches „Sagaryu jiten niwa koho hidensho“[24] angeführt ist, verlangte, daß der Garten „der Natur folgte“, daß er mit den Naturkräften und ihren Einflüssen in Übereinstimmung sein mußte und deren Gleichgewicht nicht stören durfte. Nur so konnte der Garten seiner Hauptaufgabe nachkommen, dem Schutz des Hauses vor bösen Gewalten. Darum warnt das Buch auch nachdrücklich vor eigenwilligem Bäumepflanzen und Steinesetzen. Von besonderer Wichtigkeit war ein ausgeglichenes Verhältnis der Prinzipien in und yo.

Dieses komplizierte System von Anweisungen war selbstverständlicher Begleiter des japanischen Alltags und nahezu bei jeder menschlichen Handlung gegenwärtig. Auch der Schöpfer eines Gartens, ob er nun ein hochgestellter Mönch, Künstler oder schlichter Gärtner war, mußte sich nach ihm richten und dementsprechend Schritt für Schritt vorgehen. Das verlangte eine disziplinierte Gründlichkeit, wie sie für den uneingeweihten Beobachter fast unbegreiflich ist. So kannte man z. B. neben der Grundeinteilung, nach der die meisten Steine dem yo-Prinzip und das Wasser dem in-Prinzip angehörten, eine weitere Einteilung der Steine nach ihrer Form und Lage: Hohe und mächtige Steine

verkörperten das yo, während solche zu Häupten eines Wasserfalls oder Steine, über die sich Wasser ergoß, dem in-Prinzip zuzuordnen waren.

Doch achtete man darauf, daß diese strenge Ordnung nicht zum Stereotyp erstarrte, und nahm sie als Ausgangspunkt für die Weiterentwicklung von künstlerischen Methoden, die sich auf der hochgezüchteten Empfänglichkeit der Japaner für Formen, Strukturen und Schattierungen gründete. Sinnreiche Detailverbesserungen im Rahmen des gegebenen Schemas führten zu immer neuen schöpferischen Abwandlungen.

61 Dreistufige Gartenlaterne in Pagodenform

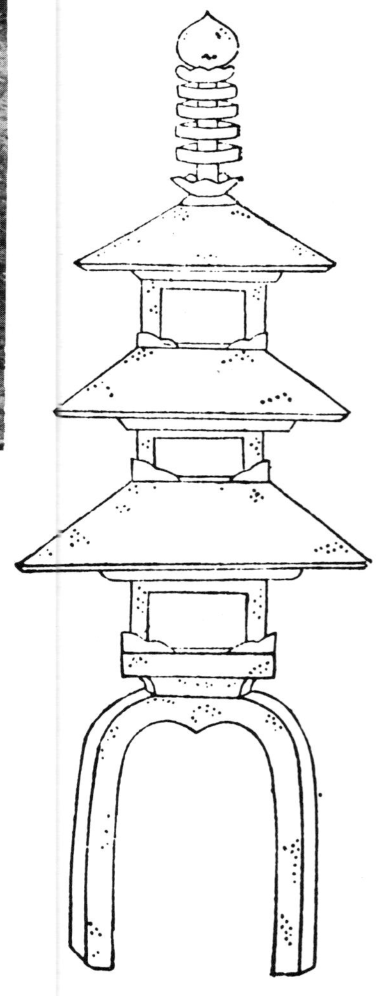

62 Gartenlaterne, 18. Jh., Holzschnitt

Die zweite Seite des Gärtnerkodes bildete die Symbolik. Ihren stärksten Ausdruck fand sie in der ständig abstrakteren Darstellung des Horai-Mythos sowie der Symbole für langes Leben und Glück, der Schildkröte und des Kranichs in Stein. Auch die Jünger Buddhas bildete man in abstrakten Steinkompositionen ab. Diese Versinnbildlichungen waren bereits zur allgemeinverständlichen Konvention geworden, so daß eine bloße Andeutung genügte, um eine ganze Kette von Assoziationen und Empfindungen hervorzurufen.

Die rituelle Seite des Gartens wurde ebenfalls einer ästhetischen Umformung unterzogen. Wie im „Geheimen Gartenbuch der Saga-Schule" zu lesen ist, befand sich im Garten außer der „mittleren Insel" auch die „Insel des Gastes", wohin sich der Besucher als erstes begab, um sich vor dem „Gaststein" zu verbeugen. Dann ging er auf die „Insel des Hausherrn", um dort vor dem rituellen Stein seine Verbeugung zu machen. Von der mittleren Insel aus blickte er auf den „das Haus hütenden Stein". Sodann begleitete ihn der Hausherr zum Wasserfall oder einer anderen sehenswerten Stelle des Gartens. Vor Beendigung seines Besuches kehrte er nochmals auf die Gastinsel zurück und verneigte sich abermals, bevor er sich entfernte. — In kleineren Gärten waren beide seitlichen Inseln durch Steine ersetzt, die dem Hausherrn bzw. Gast geweiht waren. Ähnlich konnte auch die Insel Horai durch einen bloßen Stein symbolisiert werden.

In alten Gartenbüchern sind auch die Namen der Steine angeführt, die bei der Anlage des Gartens benutzt worden waren. Ohne dieses wichtige Gärtneralphabet hätte man den Garten weder anlegen noch seinen Sinn begreifen können. In dem Gartenbuch Musoryu jiten, das von dem berühmtesten Künstler jener Tage, Muso[25], stammen soll, werden 106 Steine mit Namen genannt und kurz be-

63 Komposition von pagodenförmiger Gartenlaterne und Wasserlauf

64 Taizo Minakawa, zeitgenössischer Maler und Graphiker, Nächtliche Szene im Shorenin-Garten

schrieben. Ihre Auswahl und Aufstellung trug dazu bei, mit sparsamen Mitteln im Betrachter die Vorstellung hoher Berge, schattiger Täler oder der Meeresküste zu erzeugen. In dem Buch ist u. a. die Rede vom „Unbeweglichen Stein", einem unerläßlichen Begleiter eines jeden Wasserfalls; in seiner Nähe befand sich der „Kinderstein", etwas weiter der „Sonnen- und Mondstein" und der „Stein der Weißen Wolken". Am Wasserfall lag auch der „Namenlose Stein"; er verwehrte einen direkten Ausblick auf den Wasserfall und ließ den Wasserstrom länger erscheinen. In der Nähe der Hausherrninsel befand sich der Stein „auf dem die Möwe wohnt". Dort, wo sich der Bach oder kleine Fluß in den See ergoß, war der „Mündungsstein", im Flußbett selbst der „Stromschnellenstein", der „Stein, an dem sich die Wellen brechen" und der „Stein, um den die Blätter kreisen".

Wichtig waren ferner die Seen, deren Formen in dem genannten Gartenbuch mit dem Pinsel festgehalten sind. Da gibt es einen See in der Form des chinesischen Zeichens für Herz, einen in der Form des Zeichens für Wasser und einen schmalen, wie ein Bach sich schlängelnden See. Die Seeufer waren zerklüftet und gebuchtet wie in der freien Natur.

Auch Wasserläufe und Brücken halfen bei der Vollendung des Landschaftstyps, den der Garten vorstellen sollte. Alles war das Ergebnis eines bewundernswert sicheren Einfühlungsvermögens in die Natur sowie der Erfahrungen vieler Generationen. So war das Bett eines Wildbachs im Gebirgstal schmal und an beiden Ufern von Steingruppierungen begleitet, der Steg darüber aus Stein oder Balken. In der Ebene hatte der Bach oder kleine Fluß blütenweißen Sand angeschwemmt und war statt von Bäumen von Sträuchern umsäumt, die Brücke war aus Lehm oder Brettern. Die „Himmelsbrücke" war direkt gegen das Gebirge gerichtet und nicht zum Überschreiten bestimmt.

Falsch placierte Steine hießen „Steine der Armut, der Krankheit und des Todes", man mußte sich hüten vor ihnen. Die Gartenbücher enthielten noch eine ganze Reihe weiterer Verbote: unrichtig war es, in der Nähe des Wasserfalls oder zur Insel Horai eine Brücke zu bauen, den Gipfel eines Berges durch einen übermäßig scharfen Stein zu versinnbildlichen, allzu zahlreiche Steingruppierungen aufzustellen, zu Häupten des Wasserfalls nicht den „Unbeweglichen Stein" zu setzen und andere mehr. Dieser Kode diente der Einordnung der verstreuten Dinge, brachte Klarheit in die Verwirrung und führte selbst den einfachen Gärtner schrittweise zu Zielen, die sonst nur außerordentlichen Talenten vorbehalten gewesen wären.

65 Gartenpavillon in Daitokuji, Kyoto, Holzschnitt

66 Der Goldene Pavillon, Kinkakuji, Kyoto

67 . Steine im Gartensee am Goldenen Pavillon

Unter dem Einfluß der Zen-Kunst sowie der Malerei der nördlichen Sung-Dynastie[26] bildete sich in der Muramachi-Zeit eine den geänderten Verhältnissen entsprechende neue Art der Gartenkunst aus, die zwar auf den lebendigen Traditionen der Heian-Schule basierte, doch die Weiträumigkeit des Shinden-Stils in Bauten und Gärten zugunsten fest umrissener kleinerer Flächen aufgab, wie man es in den Residenzgärten der damaligen sog. Shoin-Architektur am besten verfolgen kann. Der Name Shoin wird vom wichtigsten Raum im Gebäudekomplex der Residenz der Krieger abgeleitet, der ursprünglich als Studierraum gedient hatte. Er ging direkt in einen kleineren Garten über, der zum Beschauen vom Hause aus bestimmt war. Ähnlich entstanden im Rahmen der ausgedehnten Klostergärten geschlossene, mehr intime Anlagen in unmittelbarer Nähe der Abtei. Die Hauptteile der Heian-Gärten, Seen, Inseln und Wasserläufe, blieben in verkleinerter Form erhalten, ebenso die Heian-Symbolik, die auf den alten Vorstellungen von heilbringenden Dingen und vom Weg zur ewigen Glückseligkeit beruht. Unter dem Einfluß der Zen-Ästhetik, die nach einem möglichst lakonischen Ausdruck strebte, wurde die Naivität dieser Vorstellungen überwunden, sie

68 Einer der Garteneingänge beim Goldenen Pavillon in Kyoto — Kombination von Pflasterung und Moosteppich

69 Gartenszenerie mit Pavillon, Holzschnitt

nahmen eine mehr abstrakte, von ihrem Ursprung bereits sehr entfernte Gestalt an.

Der Garten konnte Bootsfahrten nicht mehr dienen, denn die Anlage genügend tiefer und breiter Seen und Wasserläufe wäre zu aufwendig gewesen. Der Klostergarten war vor allem für Spaziergänge bestimmt, und damit gewannen die Gartenwege neue Bedeutung. Die Wandelpfade führten den Besucher von sonnigen Stellen in schattige Winkel, gewährten überraschende Ausblicke auf ungewöhnliche Steingruppierungen. Das verlangte eine Änderung des Gartengrundrisses; seine frühere Hufeisenform ging immer mehr in einen Halbkreis über. Die Vorliebe für die Anlage von Gärten am Fuße von Berghängen ließ mehrstufige, terrassenförmige Gärten entstehen, die von zweistöckigen Gartenpavillons aus beschaut werden konnten. Die wachsende Freude an der Betrachtung des Gartens von der Veranda des Shoin aus beeinflußte die Gesamtplanung des Gartens, der dann den Eindruck erweckte, als wäre die Natur selbst in die menschliche Behausung eingetreten. Das hatte eine ganze Reihe von Kompositionsveränderungen zur Folge, unter anderem auch den Grundsatz, daß der Wasserfall stets dem Shoin zugewandt sein mußte.

Die kleineren, nicht mehr zum Bootfahren benutzbaren Seen durften jetzt seichter sein — ihre Tiefe betrug durchschnittlich nur noch 60 cm. Anziehungspunkte für den Hausherrn und seine Gäste bildeten größere und kleinere Inseln oder Steingruppierungen im See. Die Inseln baute man so, daß sie von allen Seiten her einen lieblichen Anblick boten. Die Bautechnik der steinernen Inseln hatte ihre Besonderheiten: der sehr feste Unterbau bestand aus mehreren Lehm- und Steinschichten. So läßt sich noch heute die Zeit bestimmen, aus der die Inseln stammen. Solche in Schildkröten- oder Kranichgestalt erfreuten sich auch weiterhin großer Beliebtheit. Eine Schildkröteninsel bestand aus sieben Steinen: um den „mittleren" waren Steine aufgestellt, die den nach Osten gewandten Kopf, die vier Gliedmaßen und den

70 Die Kombination von Bambus und Stein dicht am Haus ruft die Vorstellung eines Gartenkomplexes hervor, Detailansicht

Schwanz der Schildkröte symbolisierten. Typisch für jene Zeit ist die Föhrenbepflanzung auf Schildkröteninseln, während für die zeitgenössischen Kranichinseln Steine charakteristisch sind, die Flügel versinnbildlichen.

Zu den Lieblingsbäumen gehörte neben der Föhre die Weide. Einer von beiden Bäumen pflegte die Mittlere Insel — nakajima — zu schmücken. Föhren wurden auch in der Nähe eines künstlichen Berges oder Wasserfalls gesetzt. Häufig kamen ferner Kirsch-, Ahorn- und Pflaumenbäume vor.

Die Zen-Lehre hatte das Leben der japanischen Krieger um einen wichtigen Zug bereichert — das Bedürfnis nach Meditation. Dieser konnten sie sich in den bedachtsam durchkomponierten, viereckigen oder quadratischen Meditationsgärten der Klöster hingeben. Die Krieger — und nicht selten selbst der Shogun — führten ein halbmönchisches Leben und verbrachten dort viele Stunden des Tages in völliger Abgeschiedenheit von den Sorgen der Außenwelt.

Zur Entfaltung der Gartenkunst der Muramachi-Zeit haben insbesondere die Shogune aus dem Geschlecht Ashikaga beigetragen. Ihre ästhetischen Ansichten formten sich unter dem Einfluß der Zen-Lehrer, die an ihrem Hof eine privilegierte Stellung einnahmen; nicht selten war ein Abt des Zen-Ordens Ratgeber des Shoguns in Wirtschafts- und politischen Fragen. Die Zen-Klöster entwikkelten sich zu Kulturzentren, insbesondere seit der Zeit, da der erste Shogun aus dem Ashikaga-Geschlecht, Takauji[27], das Handelsverbot mit China aufgehoben und so stärkere Beziehungen zu dem kontinentalen Nachbarland ermöglicht hatte. Der Warenaustausch mit China war von großer wirtschaftlicher Bedeutung und trug dazu bei, die Kosten für den Aufbau des religiösen Mittelpunkts, des Klosters Tenryuji, zu tragen. Auf dem Wege des Warenaustausches gelangten viele chinesische Kunstwerke nach Japan, die am Hofe des Shogun ebenso wie am Kaiserhof hochgeschätzt und bewundert wurden.

In diesem Zusammenhang entstand das Amt der sog. dobo — Gesellschafter

71 Bambus, eine der typischen japanischen Gartenpflanzen

und Kunstberater der Shogune. Halb Laienbruder, halb Zen-Mönch, genossen sie am Hofe des Shoguns große Hochachtung wegen ihrer Kenntnisse und Fähigkeiten auf dem Gebiet anmuts- und würdevoller Künste wie Blumenarrangieren, Teeservieren, Gedichte improvisieren. Sie waren hervorragende Kenner der Malerei und Gartenkunst, insbesondere chinesischer Bilder und Antiquitäten. Ihr Amt war erblich und mit dem Titel „Ami" verbunden. Die berühmtesten sind Noami (1397—1476), Geiami (1431—1485) und Soami (1472—1525), auch dessen Sohn und Enkel.

Der dobo-Stand trug wesentlich zur Schaffung einer verfeinerten Begriffswelt des Schönen unter den gebildeten Zeitgenossen bei. Diese entsprang dem bewußten Streben nach Erfassung der

72 Garten mit Palmen und Steinbrücke, Holzschnitt

Wesenheit der Dinge, einem Streben nach innerem Frieden und Harmonie. Man hatte keineswegs einen endgültigen, reglosen Stillstand im Sinn, sondern eine dynamische Ruhe, in der man sich seinen Eingebungen überließ. Sie war das Verbindungsglied zwischen Vergangenheit, Gegenwart und Zukunft und löste den Menschen aus dem ermüdend einförmigen Gang der Zeit. Eine spezifische Qualität dieser Ästhetik, ausgedrückt im Begriff jugen, wörtlich Geheimnis, bezeichnet die durch ein Kunstwerk ausgelöste

74 Palmen waren in japanischen Landschaftsgärten besonders im 16. Jh. beliebt. Hideyoshi Toyotomi förderte ihre Verbreitung

75 Torausschmückung des Klosters Higashi ▷ Honganji, Kyoto. Das Blumenmotiv ist eine Paulownia

73 Gestutzte Bäume und Sträucher (am Hang). Koyasan

Stimmung, und zwar ein Kunstwerk, das etwas Geheimnisvolles enthält, auf etwas hindeutet, das den Dingen tieferen Sinn verleiht, doch unfaßbar bleibt.

Dieser Stimmung kam die Tuschmalerei am nächsten, in ihr entwickelte sich die Methode der Andeutung, sie rückte die Bedeutung des leeren Raumes in den Vordergrund. Jeder Pinselstrich strahlte innere Kraft aus und überschritt die Grenzen landläufiger Konventionen. Thema war die Natur, deren Formen, Linien und ihr wahrer Sinn.

Die japanischen Maler, zumeist Zen-Mönche, studierten die Malerei und die Zen-Philosophie in China. Unter der Führung von Shubun[28] kam die Malerschule Hokuga auf, der viele bedeutende japanische Landschaftsmaler angehörten. Ihre Bilder hielten nebelgraue Fernen, hohe Bergsilhouetten, bezaubernde stille Winkel und die Einsiedeleien von Pilgern und Gelehrten fest. Unter den Malern dieser Schule hat insbesondere Sesshu[29] zur Entfaltung der Gartenkunst beigetragen. Neben herrlichen Landschaftsmalereien, die den Gärtnern als Vorlage dienten, schuf er selbst auch eine Reihe von Gärten. Die in Yamaguchi gelegenen sog. Joeiji und Unkokukan-Gärten existieren noch heute.

Die Ashikaga-Shogune übertrugen ihre Liebe zur Sung-Malerei auf ihre Gärten. Die größte Persönlichkeit der damaligen Gartenkunst ist Muso Kokushi[30], ein Abt des Zen-Ordens und einflußreicher Gesellschafter der Shogune Takauji und Tadayoshi [31]. Seine letzten Lebensjahre verbrachte Muso in Kyoto, wo er Gärten anlegte, die zu den klassischen Werken der japanischen Gartenkunst gezählt werden. Der meistbewunderte ist der Klostergarten Saihoji[32]. Ähnlich wie einige weitere berühmte Gartenwerke entstand er durch Umbau des Klostergartens der Sekte Reine Erde — Jodo; Muso machte ihre Gebäude zu einem Zen-Kloster. Beim Umbau knüpfte er an die älteren Traditionen an und vervollkommnete sie noch. An der Stelle des heutigen Saihoji waren schon vor Musos Zeiten Gartenterrassen angelegt worden — ein unterer und ein oberer Garten. Den unteren im Heian-Stil komponierten Seegarten ließ Muso im wesentlichen unverändert, verquickte Altes mit Neuem und schuf so einen Übergangsstil zwischen den Heian- und späteren echten Zen-Gärten. Der Garten war für Spaziergänge bestimmt und besaß vier Pavillons, von denen der eine, Ruriden genannt, auf einer Insel im See stand, einen Oberstock hatte und Ausblick auf den ganzen Garten bot. Keiner dieser Pavillons ist erhalten geblieben, der heute bestehende sog. Shonantei ist eine Rekonstruktion aus der Zeit des Azuchi-Momoyama[33].

Der untere Garten wird beherrscht

von dem langgestreckten Goldenen See in Gestalt des chinesischen Zeichens für das Wort Herz. Er erstreckt sich von Süden nach Norden, ist durch Inseln gegliedert und auf seiner Wasserfläche spiegeln sich die schlanken Baumstämme und hohen Gräser an den zerklüfteten, dunkle Tümpel bildenden Ufern. Auch hier ist die traditionelle Symbolik bewahrt: im Südteil der Insel stehen die Steinbilder von Schildkröte und Kranich, im Osten die yodomariishi — „Steine des nächtlichen Wartens".

Dieser Teil des Gartens hat seinen besonderen Reiz der fast lückenlosen Moosdecke zu verdanken; mit Recht trägt der Komplex den Namen Kokedera — Mooskloster. Die Moose bilden kleine Hügel, bedecken Steine, klettern an Baumstämmen hoch und bezaubern mit der Vielfalt ihrer Strukturen und Schattierungen. Das Sonnenlicht, gedämpft durch Laub und Zweige, vertieft ihre Farbskala. Ein Bild, gemalt von der Natur und nachfühlend vollendet von Menschenhand. Nirgendwo sonst ist es wohl gelungen, den verborgenen Eigenwert so bescheidener Pflanzen, wie es die Moose sind, so eindrucksvoll sichtbar werden zu lassen.

Die strengen grauen und braunen Töne des Berghangs weichen den Stufen zum Koinzan, der symbolischen Kaskade ohne Wasser. Sie besteht aus Felsblöcken und rauhen Steinen, die mit großer Dynamik zusammengestellt sind. Wenn der Beschauer sich eine Weile in den Anblick versenkt, scheint wirklich Wasser über das Gestein zu rauschen, sich in mächtigem Strom talwärts zu ergießen, um, unten zur Ruhe gekommen, langsam seinem fernen Ziel entgegenzufließen. Dieser Teil des Gartens war den Meditationen geweiht, den endlosen Wanderungen des Geistes, der in Augenblicken der höchsten Sammlung die Grenze zwischen Leben und Tod überschreitet. Die Seele löste sich von ihren Fesseln und wurde zu einer neuen Weltsicht wiedergeboren.

Hier stand einst der Shitoan, eine Meditationshalle, in der der Shogun Yoshimitsu[34], ein großer Bewunderer von Musos Gartenkunst, stille Stunden der Kontemplation verbrachte. Auch der achte Militärherrscher der Ashikaga, Yoshimasa[35] der den Machtverfall seines Geschlechtes erlebte, suchte dort Trost und Erbauung. Beide Shogune ließen ähnliche Gärten nach dem Vorbild von Saihoji anlegen.

Die meisten Ansichten gehen dahin, daß Muso beim Bau seiner steinernen Kaskaden dort bereits vorhandenes Gestein benutzte und daß dieser trockene Wasserfall in Japan einer der ältesten seiner Art ist. Von ihm führte ein Weg auf den Gipfel des Berghangs, von wo sich der Ausblick in das Flußtal der Katsura öffnete.

Ein weiteres Kunstwerk Musos ist der Klostergarten in Tenryuji.[36] Verglichen mit Saihoji ist seine Atmosphäre heller, freudiger, und bietet eine Fülle von Anregungen für die moderne Gartenarchitektur. Das Zen-Kloster Tenryuji hatten die Ashikaga gestiftet, um die Seele des verstorbenen Kaisers Go-daigo[37], den sie entmachtet hatten, zu versöhnen. Der

76 Gartenmauerbedachung, Detailansicht

77 In großen Klöstern übliche Raumteilung durch Mauern, wodurch mehrere Gärten entstehen

Bau war 1345 vollendet. Das Kloster wurde an einer landschaftlich schönen Stelle mit Blick auf den Berg Arashiyama errichtet. Bereits zur Nara-Zeit hatte dort ein Kloster gestanden, später, in der ausgehenden Kamakura-Zeit dann der im Shinden-Stil gehaltene Sommerpalast Kameyama, der in dem noch heute bestehenden Garten seine Spuren hinterlassen hat. Muso hat sich sichtlich an den ursprünglichen Grundriß gehalten; damit läßt sich wohl der Eindruck stärker betonter Weltlichkeit dieses Gartens erklären, der deutlich den Geist der Heian-Zeit widerstrahlt. Gleichzeitig verleugnet er nicht den Einfluß der Sung-Malerei, deren Ruf nach Geschlossenheit, nach Ausschaltung alles Zufälligen, nach angestrengter Suche entsprechender Ausdrucksmittel. Muso wußte diese Geisteshaltung mit der gleichen Überzeugungskraft in der Gartenkunst zu verwirklichen wie die chinesischen Maler auf ihren Tuschbildern.

Der Garten breitet sich auf der Nordseite des Klosters Tenryuji aus und war für Spaziergänge bestimmt, nicht mehr für Bootsfahrten wie zur Heian-Zeit. Er ist so angelegt, daß er von der langen Galerie der Abtei aus betrachtet werden konnte. Diese spiegelt sich im See Sogen, von dem sie ein blendend weißer Sandstreifen trennt. Die berühmtesten Gartenkomponenten sind der Wasserfall, die steinerne Brücke und die Steininseln im See.

Der Wasserfall ist nur aus Steinen gestaltet, obgleich da ursprünglich Wasser floß. Seinen Hintergrund bildet ein Hügel, die Steine zu seinen Seiten sind so aufgestellt, daß sie nach dem Muster der Sungbilder den Eindruck größerer Tiefe der Szenerie erwecken und die Entfernung zwischen Wasserfall und Hügel optisch vergrößern.

Ein für die damalige Gartengestaltung typisches und seitdem traditionelles Bauelement der japanischen Gärten findet sich auch hier. Es ist der „Karpfenstein", auch „Drachentor" genannt. Er hängt mit der chinesischen Sage von den drei Strudeln in dem mächtigen Wasserfall zusammen, die der Gelbe Fluß in seinem Oberlauf bildete; für alle Fische, die stromaufwärts schwammen, stellten sie ein unüberwindliches Hindernis dar; der Fisch aber, der stark und ausdauernd genug war, um nur wenige Fußbreit der Wasserstrudel zu überwinden, wurde in einen Drachen verwandelt. Die japanischen Gartenkünstler griffen diese Sage zu einer ästhetischen Gestaltung des Wasserfalls auf und placierten den Karpfenstein so, daß er je nach dem Blickwinkel des Betrachters zu steigen oder zu sinken schien. Damit erreichten sie eine ungewöhnlich dynamische Wirkung der Gartenszenerie.

Man darf vermuten, daß der Wasserfall von Tenryuji ebenso in seiner Originalgestalt erhalten geblieben ist wie das schönste Detail des Gartens, die steinerne Brücke. Sie besteht aus drei sorgfältig ausgewählten flachen Steinen, deren Farbton ins Grünblaue spielt. Die stärkste, auf der Nordseite liegende Steinplatte ist etwa 20 cm hoch, die mittlere ist schwächer, die dritte noch etwas dünner; sichtlich sind die beiden letzten Steine durch Teilung eines größeren entstanden. Die Brücke wird durch Felsblöcke gestützt. Diese Technik des Brückenbaus wurde nach dem Vorbild von Tenryuji auch späterhin häufig angewandt. Typisch für die Muromachi-Zeit ist die Anwesenheit von Steingruppierungen bei der Brücke, wie man sie auch in der Folgezeit aufzustellen pflegte.

Die steinerne Brücke im Garten Tenryuji ist ein Meisterwerk der japanischen

78 Gärtnerische Gestaltung des Tempelhofs hinter dem Goldenen Pavillon

Gärtner, der Inbegriff einer Kunst, die aus der geduldigen Beobachtung der Natur und der Begabung, Einzelstücke zu einem harmonischen Ganzen zu verschmelzen, hervorgegangen ist.

Yoshimitsu, der dritte Shogun aus dem Geschlecht der Ashikaga, war von dem Garten in Saihoji so entzückt, daß er beschloß, nach dessen Vorbild einen eigenen Garten anzulegen. Er fand für ihn ein prachtvoll gelegenes, von bewaldeten Berghängen umgebenes Stück Erde, wo schon in der ersten Hälfte des 13. Jh. ein Garten vom Heian-Typus mit Wasserfall und einem See gelegen hatte, der „funkelte wie ein Edelstein".

Dort errichtete Yoshimitsu seinen Landsitz Kitayama, der später in das Kloster Rokuonji umgewandelt wurde. Von den ursprünglichen Shinden-Bauten blieb nur der zweistöckige Goldene Pavillon Kinkakuji stehen. Aber auch der wurde i. J. 1950 das Opfer eines Brandstifters; fünf Jahre später stellte man ihn nach den Originalbauplänen wieder her.

Der ebenmäßige zierliche Bau, dessen Reiz der Reflex im See noch erhöht, ist um ein Stockwerk höher als sein Vorbild, der Pavillon Ruriden in Saihoji, und führt die Heian-Tradition des sog. Byodoin-Typus weiter, ohne den Einfluß der schlichteren Zen-Baukunst zu verleugnen. Goldfolien heben die eleganten Linien der Wände hervor, das leicht gebogene Dach bildet die schwungvolle Krone des ganzen Baus.

Der Pavillon ist von einem Seegarten umgeben, der aller Wahrscheinlichkeit nach von dem Maler und Gartenarchitekten Soami stammt. Der See selbst diente noch Bootsfahrten, bei denen sich der Shogun mit seinen Freunden an der

79 Der Garten am Silbernen Pavillon im 18. Jh., Holzschnitt

80 Garten am Silbernen Pavillon, Ginkakuji — Sandkegel, Kyoto

Schönheit der Landschaft ergötzte. Yoshimitsu scheint sich vor allem dem Aufbau des Pavillons gewidmet und den Garten nur teilweise umgebaut zu haben. So lassen sich die ausgeprägten Merkmale des Heian-Stils erklären.

Inseln und Steingruppen symbolisieren den Horai-Mythos. Bei ihrer Anordnung hatte man darauf geachtet, daß sie das Spiegelbild des Pavillons im See möglichst wenig störten. Von besonderem Reiz ist der mühelose Übergang des Gartens in die umgebenden Bergwälder. Den schönsten Anblick gewährt er vom oberen Stockwerk des Pavillons, von dem man den ganzen Garten überschauen kann. Die Gesamtwirkung ist die einer völligen Abgeschiedenheit von der Welt des Alltags — ein unvergeßliches Erlebnis.

Die Liebe der Ashikaga-Shogune zu ihren Gärten, in denen sie lange Stunden stiller Betrachtung und Hingabe an die Anmut und Erhabenheit der Natur verbrachten, lebte mehr als ein halbes Jahrhundert später im Enkel Yoshimitsus, dem Shogun Yoshimasa, wieder auf. Den großen Bewunderer und häufigen Besucher von Saihoji verlangte es nach einem ähnlichen Garten. Hinzu kam der Wunsch des jungen, seiner Mutter sehr ergebenen Shoguns, diese wenigstens mit einer Nachahmung an der Herrlichkeit von Saihoji teilnehmen zu lassen, denn ihr war wie allen Frauen das Betreten des Geländes hinter den Klostermauern verwehrt. Nicht einmal die weiblichen Angehörigen einer so vornehmen Familie, wie es die Ashikaga waren, bildeten da eine Ausnahme. Und so faßte Yoshimasa den Plan, am Fuße des Higashiyama-Berges einen Landsitz zu errichten.

Alte Quellenangaben bezeugen, daß er sich im Jahre 1465 nach einem geeigneten Ort umzusehen begann. Seine Vorbereitungen auf ein stilles, abgeschiedenes Leben wurden jedoch von Unruhen im Lande durchkreuzt, den Vorboten des unabwendbaren Niedergangs seines Geschlechtes. Erst 1482 konnte Yoshimasa seinen alten Traum verwirklichen. Er wählte für den Bau eine Stätte, die reich war an Wäldern, Quellen und Wasserläufen.

Im ersten Jahre schritt der Bau seiner Kopie des Ruriden zu Saihoji rasch fort, doch er verzögerte sich dann wegen Geldmangels. Im Laufe der folgenden drei Jahre wurden nur einige Gebäude vollendet. Erst jetzt begann die Anlage des Gartens. Der Shogun erlebte die Vollendung nicht mehr, er starb 1490 im fünfundfünfzigsten Lebensjahr. Auf seinen ausdrücklichen Wunsch hin wurde der Landsitz in ein Kloster umgewandelt, das den Namen Jishoji erhielt.

Während der Unruhen, die nach Yoshimasas Tod das ganze Land in Kriegswirren stürzten, drangen Soldaten ins Kloster ein und plünderten es. Erst zu Beginn des 17. Jh., als Japan unter der Regierung der Tokugawa[38] wiederum geeint war, wurde das Kloster renoviert und der See neu hergerichtet. Der Garten ist jedoch nicht mehr in seiner ursprünglichen Gestalt wiederhergestellt worden, er weist viele spätere Stilmerkmale auf. Der Name seines Schöpfers ist nicht genau bekannt.

Charakteristisch für den Garten ist sein See. In ihm spiegelt sich der Silberne Pavillon — so genannt, obwohl er nie mit Silberfolien bekleidet war, wie es der Shogun damals wohl vorhatte, dem die Silberfarbe, die Farbe des Mondlichts, sehr teuer war. Grundriß und Dachlinien dieses Pavillons erinnern an den Goldenen Pavillon, während der Bau an sich anders konzipiert ist. Das Erdgeschoß im Wohnhausstil mit Schiebewänden ist mit dem See enger verbunden als es beim Goldenen Pavillon der Fall ist; das im damals modischen „chinesischen" Karayo-Stil gehaltene erste Stockwerk hat Fenster, die an Klosterfenster erinnern. Von dem im See gelegenen, im Heian-Stil gebauten Inseln tragen einige die Spuren des für die Muromachi-Zeit typischen Steinbaus, andere gehen augenscheinlich auf die späteren Jahre der Wiederherstellung zurück. Noch aus der Muromachi-Zeit stammt die Insel des Weißen Kranichs, Hikkakudo, obgleich ihr Name auf die spätere Meiji-Zeit[39] verweist; sie liegt vor Yoshimitsus Studierraum Tokudo. Außer gewissen Steinkompositionen fallen auch die zwei zur Schildkröteninsel führenden steinernen Brücken, die ihre rustikale Schmucklosigkeit bewahrt haben, in jene Periode. Die beiden Brücken sind im gleichen Stil wie die im Klostergarten Tenryuji aus flachen Steinen gebaut. Berühmt ist der Wasserfall mit dem „Tümpel, in dem das Mondlicht badet". Den stärksten Eindruck aber machen zwei weiße Sandgebilde unweit des Silbernen Pavillons. Ihr strahlendes Weiß bildet einen wirkungsvollen Kontrast zu den übrigen Teilen des Gartens, die durchsättigt sind von der Feuchte des Sees und dem Schatten der Bäume.

Das eine Sandgebilde ist eine etwa 60 cm hohe Tafel, deren Oberfläche in Streifen geglättet ist und Meereswellen darstellt, die im Mondschein leuchten. Sein Name Ginshaden bedeutet Silberne Sandwellen. Das zweite Gebilde, ein 180 cm hoher Sandkegel mit abgeflachter Spitze trägt den Namen Kogetsudai — Mondwärts gerichtete Scheibe.

Wann und wie diese Skulpturen entstanden sind, ist nicht völlig geklärt, es gibt mehrere Deutungen. Sie zeigen die Begabung der Japaner, aus allem Alltäglichen, auch aus einem für Gartenarbeiten benötigten ganz prosaischen Sandhaufen, ein Kunstwerk zu machen. Einige Forscher sind der Ansicht, die Sandgebilde seien zugleich mit dem Garten geschaffen worden — diese Annahme stützt sich auf Yoshimasas bereits erwähnte Faszination durch das Mondlicht.

Die sorgfältig geglätteten und gewellten Sandflächen haben, wie alte Chroniken es melden, im Laufe der Zeit mehrere Veränderungen erfahren. Bei Tageslicht wirkt ihr blendendes Weiß sonderbar überraschend, fast bestürzend; in Mondnächten dagegen weckt ihr Anblick leise Sehnsucht und wehmutsvolle Gefühle; immer zwingt er den Beschauer zu gesammelter Betrachtung, und das wollte der unbekannte Schöpfer im Sinne der Zen-Philosophie wohl erreichen.

81 Trockene Landschaft am Silbernen Pavillon in Kyoto — Gestaltung der Kiesfläche

82 Trockene Komposition im
Nijojo-Garten, Kyoto

„Stille sein . . . und nicht tun."
Aus der Anthologie Zenrinkushu

Trocken-landschafts-gärten

Der Einfall, in einem von der Linie einer Lehmmauer oder Hecke begrenzten Raum auf einer nur wenige Dutzend Quadratmeter großen Fläche Gärten mit Wasserfällen, Flußbetten und Meeresspiegel ohne einen einzigen Wassertropfen hervorzuzaubern, ist so echt japanisch, daß er an sich als Symbol der innersten Wesenheit der japanischen Kultur gelten könnte.

Nur ein durch stundenlange Zen-Meditationen geläuterter Geist konnte sich die Trockenlandschaftsgärten erlauben, jene „Wege ohne Ziel", stille geistige Wanderungen und völlige Entspannung. Sie stellen eine ganz einzigartige und urtümliche Verwirklichung philosophischer Gedanken auf ästhetischer Ebene dar. Nicht mit einer Fülle von schönen Farben und Formen, die das Auge hinreißen und überschwemmen, wollen sie Begeisterung wecken, sondern mit ganz entgegengesetzten Mitteln, mit Andeutungen, mit Abstraktion und Reduktion. Diese Art Ästhetik verschiebt die Betonung von der äußeren Form auf den geheimen inneren Gehalt, der keine Schranken kennt und sich wie die Wellen des Meeres ins Endlose erstreckt.

In der geschlossenen Gesellschaft des japanischen Mittelalters, in der Konventionen alles Tun und Lassen der Menschen beherrschten und selbst die Gefühle kontrollierten, machte eine solche Haltung den Raum frei für die Entfaltung individuellen Denkens, ermöglichte uneingeschränkte Entspannung und „Nicht-Wollen". Die Trockenlandschaftsgärten, karesansui-teien, gelangten vor allem in den Zen-Klöstern zu voller Entfaltung. Seit der zweiten Hälfte der Muromachi-Zeit bilden sie eine selbständige Gattung, obwohl die Bezeichnung „kare-

83 Benutzung von Felsbrocken bei der Gestaltung der Seeufer im Nijojo-Garten, Kyoto

84 Meer und Uferklippen, ein häufiges Motiv der Gartenkunst

sansui" bereits im ältesten bekannten Gartenbuch, dem Sakuteiki, vorkommt. Doch scheint sie dort noch eine andere Bedeutung gehabt zu haben. Das Wort bezeichnet anscheinend denjenigen Teil oder Winkel der seen- und wasserreichen Heian-Gärten, wo nur Bäume und Sträucher wuchsen und wo es kein Wasser gab. Das darf man nach dem überlieferten Bildermaterial zu Recht vermuten. Die Bezeichnung „karesansui" blieb bestehen, aber ihr Inhalt veränderte sich.

Da Gartenbücher im wesentlichen Aufzeichnungen der mündlichen Tradition waren, kam es nicht selten zur Verwechslung phonetisch identischer Zeichen: statt des Zeichens kare — trocken benutzte man in diesem Zusammenhang auch das Zeichen kara — chinesisch (wörtlich T'ang, nach der gleichnamigen Dynastie).

Im mittelalterlichen Gartenbuch Tsukiyama sansuiden finden sich bereits Baupläne trockener Gärten, und die karesansui werden dort unter der Bezeichnung karamizugata als eine der sieben Gartenarten angeführt. Das aus der ersten Hälfte des 18. Jh. stammende Gartenbuch „Tsukiyama teizoden"[40] zeigt mit Illustrationen, wie ein trockener Garten aussehen und wie die Steine darin angeordnet sein sollen. Auch Anmerkungen über die Verwendungsmöglichkeiten von Sand, Sträuchern und Gräsern sind da zu finden. Auf einer Abbildung ist die nach dem Gedächtnis vollzogene Skizze des berühmten Trockenlandschaftsgartens Ryoanji[41] zu sehen; er wird als „heisha" — flacher Sandgarten angeführt.

In jener Zeit hatte der trockene Garten bereits seinen festen Platz unter den japanischen Gartentypen und blieb nicht mehr den Klöstern vorbehalten, sondern war Bestandteil der sog. Rotationsgärten geworden, jener großartigen Anlagen, die die Residenzen des Adels umgaben.

Weltbedeutung erlangte der Trockenlandschaftsgarten bei der Entwicklung der modernen Architektur des Westens und konnte so zum Verbindungsglied von zwei grundverschiedenen Welten werden — jener Welt der stillen Betrachtung und der unseren, in der der Großstadtmensch sehnlich nach Stille und Entspannung verlangt.

Es ist nicht unwahrscheinlich, daß einer der ersten Antriebe zur Gestaltung trockener Gärten die einfache Notwendigkeit war. Manchen Klöstern waren schon in grauer Vorzeit Grundstücke in der Hauptstadt zugeteilt worden, die von einer ausreichenden Wasserversorgung abgeschnitten waren. Um das im Garten unerläßliche Element Wasser irgendwie zu ersetzen, mochten die Gärtnermönche einen symbolischen Wasserfall oder einen trockenen See angedeutet haben. Ferner verursachten plötzliche Veränderungen der tektonischen Verhältnisse in einem Land mit so häufigen Erdbeben das Austrocknen von Quellen und ließen die im Enthüllen der verborgenen Schönheit der Dinge ungemein erfindungsreichen Japaner den eigentümlichen Reiz eines Flußbettes, die ungewohnte ästhetische Gestalt und den inneren Wert von Kieselsteinen und Felsbrocken erkennen, die tage-, jahre-, ja jahrhundertelang von strömendem Wasser berieselt, gemahlen und geformt worden sind. Bis heute lieben die Japaner derartige „unechte" trockene Gärten, die durch ein unverhofftes Ereignis ihr Wasser verloren, und sie bewundern sie ebenso wie etwa das zierlich ausgearbeitete Innere einer äußerlich ganz einfachen Lackschatulle oder das anspruchsvolle und farbenfrohe Unterfutter eines schlichten ungemusterten Gewandes.

Dabei darf man nicht vergessen, daß

85 Natürliche Landschaft, Motiv für Gartenkompositionen

das Anlegen künstlicher Wasserläufe und Seen zu einer Vervollkommnung der Gartentechnik führte, wie die Durchforschung alter japanischer Gärtner gezeigt hat. Japanische Gärtner haben uns erklärt, daß das Wort kawaratcho für Gärtner wörtlich „Den, der Flußbetten macht" bedeutet. Diese Arbeit war für die Komposition der japanischen Gärten von großer Wichtigkeit.

Die Veranschaulichung eines wasserlosen Flußbetts oder Wasserfalls ohne Wasser war durch den bereits im ausgehenden 12. Jahrhundert in Einzelheiten ausgearbeiteten Gärtnerkode ermöglicht. Er bestimmte die bei der Anlage von Wasserfällen, von Stromschnellen und Bachmündungen zu benutzenden Steine, benannte sie und setzte selbst Grund- und Umrisse von Inseln, die Gestaltung von Flußufern, Brücken und Stegen fest, je nach der Art der Landschaft, die der Garten darstellen sollte. Diese Linien- und Formenstruktur erscheint wie hingeworfen vom Pinsel eines Malers, und stand dabei im Unterschied zu den chinesischen und japanischen Tuschbildern, deren Stimmung sie auffing, auch im vollen Zusammenklang mit der Natur selbst, besaß deren Wandelbarkeit und öffnete der Phantasie Tür und Tor. Gemäß der Zen-Lehre führt der Weg zur „Entleerung der Sinne" über das Gebot „Stille sein und nicht tun!", über die Befreiung von gewohnten Denkweisen und den Aufbruch, frei wie der Vogel in der Luft, zu Wanderungen des Geistes, auf denen sich das trockene Flußbett im Garten wiederum mit zerstäubenden Tropfen und rauschendem Wasser füllt und der schmale Raum des Tempelgartens sich zu unerreichbaren Horizonten einsamer Berggipfel oder Meeresküsten weitet.

Der älteste bekannte Meditationsgarten ist der trockene Garten beim Kloster Saihoji, Koinzan genannt. In Klostergärten mit weniger idealen Naturverhältnissen als denen in Saihoji legten die Mönche ihre trockenen Landschaften auf viel kleineren, zumeist quadratischen oder rechteckigen Flächen an. Sie bewiesen mit ihnen, daß überall genügend Raum und genügende Möglichkeiten zu finden sind, um eine für entspannende Betrachtung geeignete Atmosphäre zu schaffen.

86 Der Steingarten in Ryoanji, Detailansicht, Kyoto

Die bekanntesten karesansui-Gärten sind die der Klöster Daisenin[42] und Ryoanji.

Daisenin ist eine neuartig gestaltete Fortsetzung der älteren Horai-Traditionen, während Ryoanji mit seiner alles übertreffenden Einfachheit den Höhe-

87 Der Garten Ryoanji inspiriert zur Meditation

88 Der zumeist baum- und strauchlose trockene Garten ist oft durch einen Hintergrund von hohen Bäumen im Außengarten mit der Natur verbunden, Ryoanji, Kyoto

punkt in der Entwicklung der japanischen Meditationsgärten vorstellt.

Daisenin ist eines der sog. tassho, kleiner Nebenklöster im Komplex Daitokuji.[43] An die niedrige Veranda seiner Abtei schmiegt sich von der Ost- und Nordseite ein trockener Garten an, der nur um weniges tiefer liegt; er ist das Werk eines Unbekannten und wohl bald nach der Errichtung des Klosters zu Beginn des 16. Jh. entstanden. Der Garten ist von einer Mauer umgeben und durch eine Wand mit einem Fenster in Lotosblumengestalt geteilt. Beim Blick durch dieses Fenster erscheinen Teilstücke des Gartens wie gerahmte Landschaftsbilder.

Auf einer Fläche von nur 100 Quadratmetern hat der anonyme Gärtnermönch aus verschieden großen, grotesk geformten Steinen, aus dem matten Grün weniger Bäume und Büsche, aus grobem Sand und ohne einen einzigen Wassertropfen die Illusion einer Landschaft hervorgezaubert, die dem Zen-Anhänger vertraut ist: der Tiefe des Berges entspringt eine imaginäre Quelle, die sich im Wasserfall in das schmale Bett eines überbrückten und von zerklüfteten Felsenriffen umsäumten Gebirgsbachs ergießt. Im „strömenden Wasser“ liegen Steine, die die Schildkröten- und Kranichinsel symbolisieren. Das Flußbett öffnet sich langsam. Wasser rauscht in breiten Stromschnellen, die Uferhügel

89 Die Steine im Ryoanji-Garten, umsäumt von Moosbändern, dem einzigen Grün der Landschaft

werden immer niedriger, runder, der Bach wird zum Fluß und schließlich zur weißen Sandfläche des Meeres. Ein Schiff fährt auf dem Fluß, der Insel der Ewigen Glückseligkeit entgegen. – Einer anderen Deutung zufolge ist mit dem fließenden Gewässer der unaufhaltsame Strom des Lebens gemeint, und der Stein darin stellt einen Verstorbenen dar, der sich vergebens müht, gegen den Strom anzukommen. Die drei Abteilungen des Gartens werden von manchen als Geheimnisse der Schöpfung, des menschlichen Lebens und dessen Ende gedeutet oder auch als Symbole des Mönchslebens: der Arbeit, Meditation und Erleuchtung.

Mittels genau durchdachter gartengestalterischer Methoden konnte dieser auf engstem Raum zusammengedrängten Landschaft Tiefenwirkung verliehen werden, indem man im Vordergrund größere Steine aufstellte als im Hintergrund; dort sind die Bäume künstlich so geformt, daß sie einen fließenden Bogen von Grün bilden, während man den vorderen Sträuchern ihre natürliche Gestalt beließ.

Der höchste Stein des „Wasserfalls" mißt 2,20 m, der „Unbewegliche Stein" in seinem Geleit ist um 30 cm niedriger. Beide stehen so dicht an der Veranda, daß man meint, nach ihnen greifen zu können. Einer der Flußbettsteine liegt auf gleicher Ebene wie der Fußboden des Gemaches. Innenräume und Garten gehen unmittelbar ineinander über, verschmelzen zu einem Ganzen.

Auf derart beschränkter Fläche durfte bei der Verwendung der Steine nicht das Geringste vernachlässigt werden. Auch unter diesem Gesichtspunkt ist der Garten Daisenin zum Vorbild der folgenden Gärtnergenerationen Japans geworden. Alle seine Teile sind durch ihren tiefen, wenn auch ungedeuteten Sinn untereinander verbunden.

Wenn der Garten Daisenin auch von den Methoden der chinesischen Tuschmalerei inspiriert wurde, so ist er zugleich Ausdruck des echt japanischen Anliegens, die Alltagsumwelt in ein Kunstwerk zu verwandeln, das die stete veredelnde Berührung der menschlichen Hand zum Fortleben braucht. Er ist daher weder die Kopie eines Bildes noch die der Natur, sondern im wahren Sinne des Wortes die Verwirklichung der Schönheitsvision; sein Schöpfer folgte den gleichen Gedankengängen wie die chinesischen und japanischen Landschaftsmaler, die das Wesen der Dinge und Geschehnisse in bloßer Andeutung erfaßten und sich auf die Kunst verstanden, die die Zen-Lehre „Lautenspiel ohne Saiten" nennt.

Wichtige Voraussetzungen dazu waren die lange Tradition der Gartenkunst sowie vollendete Handwerksverfahren.

Über die Anlage des Gartens Daisenin haben seine Schöpfer keine einzige Aufzeichnung hinterlassen und sie unterließen es, gemäß den Ansichten der Zen-Lehre, mit Absicht. Ihr zufolge kann auch ein einziges niedergeschriebenes Wort zum Dogma werden, das unabhängiges Denken, Sammlung, intuitive Wahrheitsfindung und Erleuchtung unmöglich macht.

Die Gartenkunst des Zen erreichte ihren Höhepunkt in der sinnvollen Verkürzung des Abteigartens beim Kloster Ryoanji in Kyoto, das in den letzten Jahren des 15. Jh. erbaut wurde. Sein berühmter Steingarten ist jedoch viel später, vermutlich im ausgehenden 16. Jahrhundert, entstanden. Eine lange, heute erwiesenermaßen irrige Tradition hatte

90 Taizo Minakawa, zeitgenössischer Maler und Graphiker: Der Steingarten Ryoanji

91 Traditionelle Harkmuster für trockene Sandgärten, zeitgenössische Zeichnung, Nihon Bijitsu 61

92 Der zu Kreisen oder Ellipsen geharkte Kies rings um die Steine erinnert an Wellen, die Felsen umspülen

ihn dem zur Ashikaga-Zeit lebenden Ästheten und Maler Soami zugeschrieben.

Wie immer das gewesen sein mag, eins steht fest: der Garten Ryoanji gehört zu den höchsten japanischen Kulturschätzen und kann seine Wirkung auch auf den uneingeweihten, zufälligen Besucher nicht verfehlen. Dabei ist er so schlicht, hat so viel Würde und Vollkommenheit, als wäre er von selbst entstanden.

Dieser Garten hat einen rechteckigen Grundriß und schließt sich der ganzen Länge der hölzernen Abteiveranda an. Noch heute legt der Besucher vor dem Betreten der geglätteten Verandabretter seine Schuhe ab, wie es japanischer Brauch verlangt, um in tiefer Bewunderung vor diesem Kunstwerk zu verweilen, das vor mehreren Jahrhunderten entstanden und dennoch dem modernen Menschen, der wie der Schöpfer des Gartens nach Reinheit der Linien und Abstraktion des Ausdrucks strebt, wunderbar nahe und vertraut ist.

Eine Lehmmauer mit Ziegeldach umgibt den Garten von drei Seiten. Sie bildet den Rahmen der Stein- und Sandstrukturen. Alles ist in graue und weiße Farbtöne gestimmt; im Wechsel von Regentagen und Sonnenschein, von Morgen- und Abenddämmerung zaubert die Natur selbst immer neue Schattierungen hervor.

Auf den 337 Quadratmetern der Gartenfläche sind in fünf Gruppen zu 5,2,3,2,3 Steinen fünfzehn Felsblöcke aufgestellt. Dem Betrachter scheinen sich die Gruppen der zerfurchten Steine von der lehmfarbenen Mauer zu entfernen oder sich ihr wieder anzunähern, als triebe ein stärkerer Mut jene zum Aufbruch an nach dem unbekannten fernen Ziel. Keiner der Steine steht allein. Stets ist er von einem oder zwei kleineren begleitet. Dem Betrachter scheinen die einzelnen Steingruppen in einer besonderen Art von Zusammenhang zu stehen.

An Unterlage windet sich jeweils ein schmaler Moosstreifen um die Steine — das einzige Grün im ganzen Garten. Der Kies ist zu gleichlaufenden Linien geglättet, die Meereswellen symbolisieren, und die konzentrischen Kreise und Ellipsen, die er rings um die Steine bildet, erwecken die Vorstellung andrängenden und zurückflutenden Wassers. Mit der

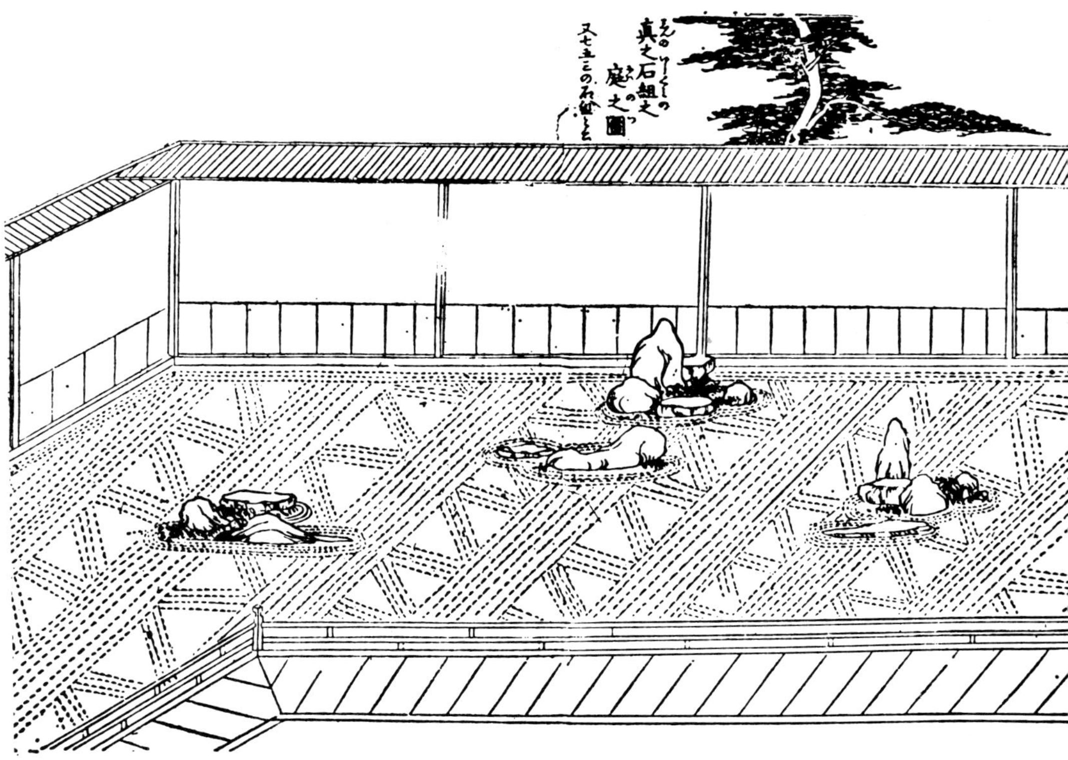

93 Aufstellung von Steinen in Gruppen zu 7, 5, 3 nach dem Vorbild von Ryoanji, Holzschnitt

94 Sandkegel — trockene Landschaft im Abteigarten Daisenin, Kyoto

Natur ist diese Kiesfläche durch den Blick auf die hohen Bäume verbunden, die hinter der Mauer im äußeren Klostergarten stehen. Bevor sie noch hochgewachsen waren, hatten die bewaldeten Berge hinter ihnen eine „geborgte Szenerie“ gebildet, die der Schöpfer des Gartens fraglos einbezogen hatte, als er sein Werk plante.

Das Kunstwerk Ryoanji ist weder unbeschwert vom Gewicht der Zeit, noch eingeschlossen in Grenzen des Raumes. Es hat den Unendlichkeitsrhythmus von Meereswogen, die Leichtigkeit schwebender Wolken. Hier wird eine wunderbare Geschichte ohne Worte erzählt. Hier spricht der tiefbewegte Künstler in der Sprache unbeweglicher Steine.

Die Steine symbolisieren dem einen Betrachter „eine den Strom überquerende Tigerfamilie“ oder „die Inseln der ewigen Glückseligkeit“, dem anderen in Nebel gehüllte Berggipfel, der dritte mag hier die Verkörperung eines flüchtigen Traumes sehen. Der geheimnisvolle Gedanke des Künstlers bleibt für immer verborgen. Das hat er selbst angedeutet, indem er einen der fünfzehn Steine dem Blick des Beschauers entzog: aus jedem Blickwinkel der Abteiveranda bleibt immer ein Stein unsichtbar. Und vielleicht ertönt gerade in einem solchen Augenblick von irgendwoher das Echo seines leisen Lachens über all den Wahn der Welt. Eines befriedigten Lachens, weil ihm gelang, was er wollte. Das Kunstwerk birgt ein Geheimnis, das unaufhörlich zum Nachdenken nötigt.

Die Daisenin- und Ryoanji-Gärten haben zu einer ganzen Reihe von Nachahmungen angeregt. Zumeist wurde die von einer Mauer oder Hecke umgebene Rechteckform beibehalten. Wichtig war die „geborgte Szenerie“, in der Regel eine Wald- oder Gebirgslandschaft. Einer wahren Schatzkammer voll solcher Gärten kann sich die Stadt Kyoto rühmen.

Ein interessanter karesansui-Typus ist der Trockenlandschaftsgarten bei Ryugenin, einem dem großen Daitokuji untergeordneten Kloster. Nahezu die ganze Gartenfläche ist mit fließenden Wellen von Moos bedeckt, an die sich niedrige Steine anschließen. Nahebei blühen Azaleenbüsche. Die Szenerie läßt an Felsenriffe denken, die in den Wellen des Meeres baden. Auch in diesem anmutigen Garten, der auf die Muromachi-Zeit zurückgeht, sind die Traditionen der Sung-Malerei lebendig geblieben.

Ein anderer bekannter trockener Garten Kyotos liegt bei der Klosterabtei Nanzenji[44]. Er soll von Kobori Enshu stammen.[45] Der Großteil der Gartenfläche — sie ist nur wenig größer als Ryoanji — ist von weißem Kies bedeckt. Längs der Mauer ist ein aus Steinen und Büschen komponiertes Ensemble. Einige tiefer in die Sandfläche vordringende Steine erinnern an kleine Inseln im weiten Meer. Auch dieser Garten besaß einst eine „geborgte Szenerie“; sie ist heute

95 Formgebung von Bäumen und Sträuchern im Einklang mit den Steinen längs der Gartenwege, Daisenin, Kyoto

durch Bauten hinter der Gartenmauer verdorben.

Manche dieser Gärten zeichnen sich durch ihr harmonisches Farbenspiel aus; als Beispiel sei der schöne Klostergarten Entsuji in Kyoto genannt: entlang der grünen Heckenlinie sind halbhohe Steine auf eigenwillige Weise angeordnet, die „geborgte Szenerie" ist am Horizont durch Bäume halb verdeckt.

Zur Edo-Zeit erscheint eine neue karesansui-Technik: statt Statt Steine werden Gruppen geformter Sträucher in die Sandfläche gesetzt. So zum Beispiel im Abteigarten Shodenji[46]. Der höchste Strauch ist 210 cm hoch, der niedrigste nur 18 cm, er erweckt die lebendige Vorstellung eines flachen Steines. Die flüssigen Linien des Gebüsches längs der Gartenmauer werden von der weißen Sandfläche hervorgehoben. Ryoanji diente als Vorbild, mit dem Unterschied, daß hier kein einziger Stein zur Verwendung kam.

In manchen Fällen bilden einfache Kieskegel — shinzan-shiki — den Schmuck der ebenen Sandfläche; so im Kloster Daisenin oder im Abteigarten von Myoshinji[47], wo zwei zuckerhutförmige Schotterhaufen in den blendendweißen feinen Kies gesetzt sind.

Die ästhetische Wirkung trockener Gärten erhöhten geduldig erarbeitete technische Verfahren, die vorwiegend auf die Darstellung von Wasserflächen und -läufen ohne Wasser gerichtet waren.

Wie schon gesagt, veranschaulichte man den Wasserspiegel mittels einer Fläche aus Sand und feinem Kies. In Kyoto ist die Verwendung von weißem Flußsand üblich. Dieser wird mit besonderen Holzrechen, die sich je nach der Art des Sandes unterscheiden, zu Mustern geharkt. Derartige Sandornamente heißen „hokime" — „Harkenauge". In Gärten, die eine ernste, würdevolle Bestimmung haben, benutzt man die „sezaname", gerade Linien, die manchmal mit Sand-

96 Pflasterung eines Gartenwegs im Kloster Daisenin im formellen shin-Stil

97 Anziehende Formen und Strukturen ausgesuchter Steine vor Kloster- und Hauseingängen

streifen ohne Muster abwechseln.

Neben den geraden Linien gibt es auch Muster von gebrochenen Wellen und Schnurlinien. Die kompliziertesten sind die „Wellen des Blauen Meeres". Ähnlich wie Ellipsen oder Kreise deuten auch Spiralmuster den gekräuselten Wasserspiegel in der Nähe von Steinen an.

Da Regen und Wind derartige Sandornamente leicht verwischen, müssen sie ständig erneuert werden. Mitunter glückt es dem Gartenbesucher, Zeuge dieses Vorgangs zu sein; der traditionell gekleidete Gärtner führt seine Harke mit untadeligem Geschick, weicht keinen Augenblick von der vorgeschriebenen Bahn ab und verläßt seinen Arbeitsplatz, ohne die eigene Spur im Sandboden zu hinterlassen.

Zur Darstellung eines Flußbettes dienen in der Regel etwa faustgroße Kieselsteine — schwarze sollen besonders vornehm wirken. Zerklüftetes Ufergelände und verwittertes Gestein symbolisieren reißende Gebirgsbäche.

In trockenen Gärten ist die Formgebung von Bäumen und Büschen von großer Wichtigkeit, da sie der veranschaulichten Landschaft Tiefenwirkung verleihen muß. Die geformten Bäume, meist Koniferen oder immergrüne Laubbäume, können ganze Steinkompositionen, Meereswellen oder andere Naturformen symbolisieren. Die Technik der Formgebung, die sich in der Momoyama-Zeit entwickelte, gelangte seit der Mitte des 18. Jahrhunderts zu besonders hoher Bedeutung.

98 Komposition von Steinen, Bäumen und Büschen, Daisenin, Kyoto

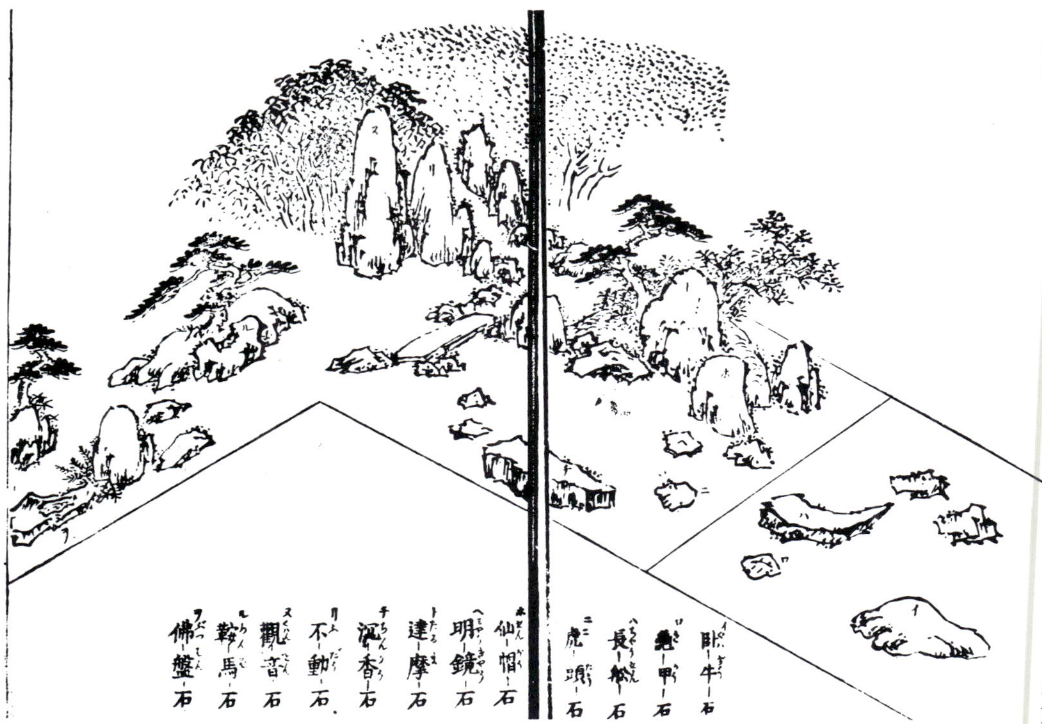

99 Der Daisenin-Steingarten, Kyoto, Holzschnitt

101 Anordnung von Steinen, Detailansicht, Daisenin, Kyoto

100 Taizo Minakawa, zeitgenössischer Maler und Graphiker, Der Steingarten im Daisenin-Kloster, Kyoto

Heute kann man karesansui-Gärten über ganz Japan verstreut finden, unter ihnen nicht wenige neu angelegte. Sie erscheinen nicht nur als Teile größerer Gartenanlagen, sondern immer häufiger als Schmuck öffentlicher Plätze.

Einen hervorragenden Trockenlandschaftsgarten hat i. J. 1939 Mirei Shigemori für das Heiligtum Komyoin im Kloster Tofukuji entworfen. Er besteht zu drei Vierteln aus weißem Kies, Felsbrocken stellen die Küste dar, ein lebender Heckenzaun umgrenzt die Fläche.

Manche moderne Steingebilde kommen auf die „geborgte Szenerie" zurück, wie das vom Architekten Masayuki Nagare geschaffene karesansui beim Hotel Baien im Badeort Atami. Die Steingärten der Architekten Kenzo Tange, Sutemi Horiguchi u. a. werden in den gegenwärtigen Ausbau japanischer Großstädte mit einbezogen.

Mit ihrer einfachen Linienführung und Farbenharmonie sowie ihrem unbegrenzten Raum für schöpferische Phantasie sind die trockenen Gärten wie geschaffen für die Belange auch der außerjapanischen neuzeitlichen Architektur. Auf diesem Gebiet liefern die japanischen Gärtnertraditionen einen wesentlichen Beitrag zur besseren ästhetischen Gestaltung auch unserer Umwelt.

102 Das den Garten aufgliedernde Fenster erhöht die Wirkung, Daisenin, Kyoto

103 Eine Besonderheit ist die leichte Trennwand mit Fenster im Daisenin-Garten, Kyoto

104 Abschlußteil der Gartenkomposition, Daisenin, Kyoto

105 Gartenpfad aus tobiishi-Steinen auf Moosteppich

*„Ein fallendes Blütenblatt
erhebt sich zu seinem Zweig?
Ach, ein Schmetterling."*
Moritake

Stille Zufluchtsstätte

Wenn man bei der Begegnung mit der traditionellen japanischen Kunst die Frage stellt nach dem Ursprung ihrer wohldurchdachten Schlichtheit, die mit der Fähigkeit der Abstraktion einhergeht und auf den Flügeln der Phantasie das Höchste erreicht, muß man weiterfragen nach dem Kern der japanischen Ästhetik — dem „chado", dem Wege des Tees, auch „chanoyu", Teezeremonie genannt[48].

Das ist der Mittel- und Knotenpunkt, von dem die Fäden laufen, die ihn mit den Kunstzweigen Architektur, Gartenkunst, Keramik, Kalligraphie, Malerei u. a. verknüpfen.

Auch wenn die Teezeremonie in der heute bekannten Gestalt mehr kultivierte Unterhaltung als tief philosophisches Erlebnis ist, bleibt sie weiterhin der wichtige Katalysator des Geschmacks aller japanischen Schichten. Darin besteht ihr nicht zu übersehender kultureller Beitrag.

Die Hauptprinzipien der Teezeremonie entwickelten sich aus einem Zeitvertreib des Adels, der im 12. bis 14. Jahrhundert vom China der Sung-Dynastie übernommen wurde. Er bestand in Tee-Wettbewerben oder „Tee-Spielen", chatsuki, die am Hofe des Kaisers oder des Shoguns in Pracht und Üppigkeit veran-

106 Kombination von Gartensteinen, Hoshunin (Klostergründung 1608), Kyoto

107 Teehaus und Garten „Beim Studierraum am Nephritfluß", Holzschnitt

108 Das strohgedeckte Gartentor mit „Kyoto“ zaun zeugt vom Geschmack der Teemeister, Katsura, Kyoto

110 Ursprungsort der Teezeremonie sind ▷ die Klöster, wie z. B. der Donkaku-Bau, ein Teil des Klosters Hoshunin, Kyoto

109 Modell eines Abtei-Teegartens, Holzschnitt

staltet wurden und Gelegenheit zu geselligem Zusammensein boten.

Schauplatz der Teezeremonie war der prunkvollste Saal des Palastes, die Verbindung mit der Religion stellten drei Wandbilder des Buddha Shakyamuni her. Der Saal war mit ausgesuchten Kunstgegenständen geschmückt, unter denen besonders die chinesischen Tuschlandschaften die Bewunderung der Gäste hervorriefen. Die Teilnehmer des Wettbewerbs nahmen nach einer bestimmten Sitzordnung Platz, und jeder bekam zehn Schluck von vier Teesorten zu kosten (später wurde die Zahl der Sorten erhöht); nun mußte er je nach Geschmack und Duft Namen und Herkunftsort des Tees bestimmen. Dem Sieger wurde un-

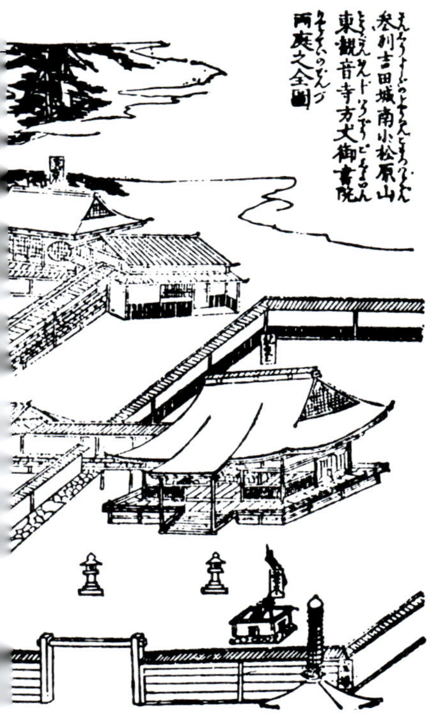
参州吉田城南小松原山
東観音寺方丈御書院
両庭之全図

111 Tobiishi-Steine vor dem Teepavillon Jugetsukan im Shugakuin-Garten, Kyoto

eingeschränktes Lob gezollt und ein Preis zuerkannt. Der Wettbewerb gipfelte in einem verschwenderischen Festgelage.

In den Häusern der Krieger nahm diese Unterhaltung immer festere Formen an. In der ausgehenden Muromachi-Zeit war bereits ein Kode entstanden, der die Art und Weise der Ausschmückung des Saales sowie Verhaltensregeln für die Teilnehmer vorschrieb. Besondere Beachtung wurde dem Teeservice, vor allem den keramischen Tassen geschenkt. Freude an schönen Dingen gehörte mit zur Zeremonie.

Das Teetrinken verbreitete sich unter allen Bevölkerungsschichten und spielte überall eine wichtige Rolle. Wie Kenzo

Tange bemerkt, wurden Tee-Treffen der Bauern oft zu verschwörerischen Zusammenkünften benutzt, und die reichgewordenen Bürger fanden hier einen Weg, auf dem sie den durch Geburt Privilegierten gleichkommen konnten.

Aus diesem breiten Strom kristallisierte sich unter dem Einfluß der Zen-Lehre eine neue, sozusagen synkretistische Gestalt der Teezeremonie heraus. Sie wurde zu einer spezifischen Form gesellschaftlichen Verkehrs gleichgesinnter Menschen, die es danach verlangte, den alltagsmüden Geist in kurzen Augenblicken der Schönheit, Harmonie und Stille neu zu beleben. In einer Zeit der Kriege, Kämpfe und politischen Intrigen, denen schließlich selbst der berühmte Teemeister Sen no Rikyu zum Opfer fiel[49], war dies ein ganz natürliches Verlangen.

Damals stand jeder, der sich am öffentlichen Leben beteiligte, im Schatten des Verderbens. Das Wissen darum, verbunden mit der Weisheit des Zen, führte zur Entstehung der einzigartigen, stillen und dabei hoch pathetischen Teezeremonie.

Unter mehreren Generationen von Teemeistern und Ästheten wie Murata Shuko[50], Sen no Rikyu, Kobori Enshu u. a. wurde die Teezeremonie zu einem Erlebnis, das das Gemüt von Ehrgeiz und nichtigen Wünschen reinigte und den Menschen in einen Zustand der Entspannung und „Leere“ versetzte, daß er mit allen Sinnen die Schönheit der einfachsten Dinge aufzunehmen verstand.

Ihr Vorbild für die Beschaffenheit von Teegerät und Teeraum fanden die Meister in den Hütten der Bauern und Fischer. Mit Recht hielten sie die Gebrauchsgegenstände des Volkes für echte Kunstschätze. Diese Reaktion auf den Luxus der früheren Teegesellschaften des Adels bedeutete einen wesentlichen Geschmackswandel.

Die Teezeremonie war eine Handlung, in der der Gastgeber Regie führte und die Gäste als Schauspieler vollendet mitspielten. Hier reifte die Kunst, in der die Japaner bis heute Meister sind — die Kunst, aus so feinen und so wohlüberlegten Details, daß sie nur ein voll Eingeweihter ganz verstehen und schätzen kann, eine Atmosphäre zu schaffen, die richtige Stimmung zu erzeugen. Diese Kunst ist ins Bewußtsein des ganzen Volkes gedrungen, sie wird bis heute als etwas Natürliches empfunden und begleitet jedes öffentliche und private Ereignis.

Die Rolle des Gastgebers hat sich dabei ungemein verfeinert, und so ist es noch heute. Nicht mit Prunk und Fülle wird er den Gast überschütten, sondern ihm mit Erfindungsgabe, unauffälliger Sorgfalt und mit Takt begegnen. Der Gast ist dabei wichtiger Mitakteur, indem er feinfühlig reagiert und den Bemühungen seines Gastgebers entgegen-

112 Klassischer roji-Fußweg mit Trittsteinen tobiishi, Katsura, Kyoto

kommt, so daß beide das Zusammensein genießen.

An dieser Stelle muß ein traditioneller Begriff der japanischen Ästhetik, wabi[51] genannt, erklärt werden, denn mit einem entsprechenden Wort läßt er sich nicht ausdrücken. Wabi ist mit dem gedämpften Gefühl der Heiterkeit des Gemüts verbunden, der inneren Freude über die freiwillig gewählte einfache Lebensart, mit einer stillen Wehmut über den unaufhaltsamen Ablauf allen Lebens.

Sinn der Teezeremonie ist es, diesen Gefühlen ästhetischen Ausdruck zu geben. Hier soll noch in Erinnerung gebracht werden, daß an der mittelalterlichen Teezeremonie Menschen teilnahmen, die von jeder damals erdenklichen Pracht umgeben waren, und daß die Verwirklichung des wabi-Prinzips sie Selbstzucht und eine neue Weltsicht lehrte.

113 Der Weg zum Teehaus, Holzschnitt

114 In großen Adelsgärten gehen Stoff und Form der Bedachung von Teehaus und Gartentoren auf ländliche Bauweisen zurück, Katsura, Kyoto

115 Teehaus mit Warteraum für Gäste. Aufgliederung des Gartens durch innere Bambuszäune, Hecken und Mauern, Holzschnitt

Einem altjapanischen Dichterwort zufolge kann derjenige wabi empfinden, der nicht nur die Schönheit der Kirschblüte oder des dunkelroten herbstlichen Ahorns genießt, sondern dessen Inneres auch so harmonisch ist, daß er den scheinbar gar nicht erregenden Anblick, den an einem Herbstabend das Dach einer ärmlichen Fischerkate am Meeresstrand bietet, zu würdigen weiß.

In einer solchen Atmosphäre ist die japanische Institution des Teetrinkens großgeworden.

Verhältnismäßig früh, bereits seit dem 15. Jh., begann man mit dem Bau von Teehäusern, in denen die Teezeremonien abgehalten wurden.[52] In politisch bewegten Zeiten waren sie der Ort, wo man Würde und äußeren Glanz für tiefere und dauerhaftere Werte tauschte und Wege suchte zu seelischem Gleichgewicht und innigem Einswerden mit der Natur.

Nach der Auffassung Sen no Rikyus sollten die Teehäuser die Stimmung einer tief im Gebirge versteckten Einsiedelei — soan —[53] nachfühlen. Er bestand so nachdrücklich auf der äußersten Einfachheit seines „Einsiedlertees", daß er — es spielten noch andere Gründe mit — schließlich die Gunst des Militärherrschers Hideyoshi Toyotomi[54] verlor und nach damaligem Brauch zum freiwilligen Fortgang aus dem Leben verurteilt wurde.

In Zusammenhang mit der Teezeremonie brachte die Gartenkunst einen neuen, höchst bedeutenden Stil hervor — den Teegarten, japanisch roji. Roji bedeutet „Weg", hier aber mit dem Unterschied, daß für die Bedeutung Teegarten in dieser Zusammensetzung statt des ersten Zeichens mit der Bedeutung „Weg" das Zeichen für „Tau" benutzt wird, das gleich gelesen wird. Damit wird der Ausdruck auf sehr feine Weise in die Sphäre der Dichtung und Philosophie gehoben, denn unter buddhistischem Einfluß war Tau mit der Vorstellung der Vergänglichkeit von Dingen und Menschen verbunden und rief die wehmutsvolle wabi-Stimmung wach, die den Teegärten eigen ist.

In der Geschichte der japanischen Gartenkunst war der Teegarten als Ganzes und mit jedem Einzelteil der erste Garten, der einem praktischen Bedürfnis diente — praktisch, auch wenn dieses Bedürfnis mit einer Handlung von so ausgeprägt ästhetischem und philosophischem Charakter wie der Teezeremonie verbunden war. Dieser Aspekt der praktischen Verwendung rückte die Garten-

116 Das strohgedeckte Gartentor verrät Einflüsse der Teezeremonie im soan-Stil

117 Gartenhängelaterne unter Vorhaus mit höherem Wasserbecken vom chozubachi-Typus, Holzschnitt

kunst in die unmittelbare Nähe des Alltags, so daß — abgesehen von anderen Impulsen — aus dem Teegarten der spätere Residenz- (Haus-) Garten, wie wir ihn in seiner endgültigen Gestalt heute kennen, hervorgehen konnte.

Hauptaufgabe des Teegartens war es, für das einmalige Erlebnis der Teezeremonie den richtigen Rahmen zu schaffen. Der beschränkte Raum gestattete dem Gartenkünstler, seinen Plan bis in die geringfügigsten Einzelheiten auszuarbeiten und alle Teilstücke mit dem Ganzen so in Einklang zu bringen, daß die beabsichtigte Wirkung erzielt wurde.

Rikyu zufolge sollte die Landschaft rings um das Teehaus an einen tiefen Bergwald erinnern und die Nähe eines verlassenen Tempels, eines abgelegenen Gebirgsdorfes ahnen lassen. Deshalb wurden anfangs keine Bäume aus der

118 Chozubachi-Wasserbecken im Teegarten

119 Niedriges tsukubai-Wasserbecken mit Bambuskelle

Ebene in die Teegärten verpflanzt, die Bäume wurden auch weder gestutzt noch besonders künstlich geformt. Auch das übrige Gartenzubehör — Wegsteine, Wasserbecken und Laterne sollten mit ihrer moosüberwachsenen, altersgrauen Noblesse die Gesamtatmosphäre mitbilden. Wichtigstes Anliegen des Gartenkünstlers war es, die Grenze zwischen dem Werk der Menschenhand und dem der Natur zum Verschwinden zu bringen und seine Kunst zu verbergen, statt sie zur Schau zu stellen.

Der Garten schloß das Teehaus von der Außenwelt ab, daher kam in ihm die sonst noch beliebte „geborgte Landschaft" nicht zur Verwendung.

In diesem Zusammenhang wird von Rikyus Teegarten in der Stadt Sakai eine hübsche Geschichte erzählt: Als Rikyu seinen Garten an einem Berghang über dem Meer vollendet und die ersten Gäste geladen hatte, waren alle überrascht, daß der Meister die Aussicht auf das Meer durch Bäume und Büsche verstellt hatte. Erst als sie sich eine Weile später über das Wasserbecken beugten und in einer Lücke zwischen den Bäumen einen schwachen Streifen Meeresspiegel hervorblitzen sahen, begriffen sie die Absicht des Meisters: sie sollten sich der engen Beziehung zwischen der Wasserlache im Becken und dem unendlichen Ozean bewußt werden. Die Kunst, immer irgend etwas geheim, versteckt zu halten, hieß „Blume des Künstlers". Der Betrachter sollte sich zur Erkenntnis dieser „Blume" selbst durcharbeiten und so zum Mitschöpfer des Kunstwerks werden.

Die zur Teezeremonie geladenen Gäste kommen am Gartentor zusammen, im „äußeren Warteraum"; da steht eine schlichte Bank, vor ihr liegen zwei flache Steine am Boden, ein kleinerer, mit besonderer Sorgfalt für die Hauptperson unter den Gästen ausgesucht, und ein größerer für die übrigen. Im Warteraum des Teegartens Yabunouchi zu Kyoto haben die undemokratischen Traditionen der Zeiten vor Rikyus Auftreten noch überlebt und es gibt dort eine mit Matten ausgestattete besondere Bank für vornehme Gäste neben der Holzbank für einfache Leute. Mehr als fünf Personen

120 Wasserbehälter. Im Winter statt mit Wasser mit Sand gefüllt, Katsura, Kyoto

nehmen an der Teezeremonie nicht teil, denn das Innere des Teehauses ist recht eng.

Das Teegartentor führt den Gast in eine andere Welt. Hast und Eile werden abgelegt, lautes Selbstbewußtsein weicht durchgeistigter Bescheidenheit. In der Regel gliedert sich der Teegarten in einen äußeren und einen inneren Teil, die kontrastieren sollen. Empfängt der äußere Gartenteil volles Sonnenlicht, so ist der innere angenehm schattig.

Die Achse des Gartens bildet ein steingepflasterter Pfad. Wieviel handwerkliches Können und schöpferische Phantasie die japanischen Gärtner in Steinen verewigt haben, in Steinen, deren Aufgabe das Ertragen schwerer menschlicher Schritte ist, vermag nur ein wahrer Freund und Kenner dieser Kunst zu bewerten. Jeder Stein des Gartenpfads ist lange gewählt und seine Lage so erdacht worden, daß der Weg den Schritten des Gastes den gewünschten Rhythmus mitteilt.

Rikyu führte seinen Gartenweg in anmutigen Windungen gleich einem Gebirgspfad, während die Teemeister Furuta Oribe[55] und Kobori Enshu gerade Linien in die Gartenarchitektur einführten.

121 Quadratisches Wasserbecken im Teegarten und traditionelle kakehi-Wasserzuleitung

122 Katsushika Hokusai, Gartenlaterne, Detail aus der Bilderfolge „Dreißig Ansichten des Berges Fuji", 1833

123 Zwei Typen der Gartenlaterne Yukimidoro mit vier bzw. sechs Füßen, Holzschnitt

Laut Rikyu sollte der Teepfad zu sechs Teilen zweckbestimmt, zu vier Teilen schön sein. Oribe kehrte dies Verhältnis zugunsten der Schönheit um.

Wiederum war es das praktische Bedürfnis, das die Teemeister veranlaßte, die Anlage des Teewegs um die Technik der „Fliegenden Steine" zu bereichern. Diese Steine, tobiishi genannt, ragen aus der Oberfläche hervor und sind voneinander so weit entfernt, daß sie das Maß eines Schrittes bilden. Zugleich schützen sie die tabi, die schneeweißen Socken des Gastes, an Stellen mit höherem Gras- oder Farnwuchs vor feuchtem Tau oder Regen. Diese Technik fand schnelle Verbreitung und dann dauernden Eingang in die Residenzgärten.

Die praktische Seite der Verwendung derartiger Steine im Teeweg tat der natürlichen Schönheit der Steine keinen Abbruch, sondern hob sie noch stärker hervor. Der Teegartenpfad ist der Spiegel der Kunst, die Steine so zu verteilen und einzusetzen, daß sie nicht nur das Gehen erleichtern, sondern mit ihrer Gestalt und harmonischen Verbundenheit untereinander das Auge faszinieren.

Auswahl und Verteilung der tobiishi ist das Werk langer Erwägungen, bei der Bestimmung der endgültigen Lage kommt es auf jeden Zentimeter an.

Es wird erzählt, daß ein gewisser daimyo[56] Meister Sen no Rikyu um die Anordnung der Steine auf seinem Teegartenweg gebeten hatte. Als er aber den berühmten Meister in langen Überlegungen über jeden Pflasterstein stehen sah, dünkte ihm dies übertrieben, und so verschob er, nachdem sich Rikyu entfernt hatte, einen einzigen Stein um ein weniges und dachte, der Meister werde nichts bemerken. Der aber rückte am nächsten Tag bei der Prüfung seines Werks den Stein sofort an die ursprüngliche Stelle, die er so lange ausgesucht hatte.

In geheimen Gartenbüchern wird die Höhe der tobiishi nach dem Ort ihrer Aufstellung sowie nach ihrer gegenseitigen Beziehung bestimmt. Nach ihrer Höhe zerfallen sie in Kaisersteine, Adels-, Schauspielersteine und solche für gemeine Leute.

Zwischen den einzelnen tobiishi liegen die Pflastersteine; sie sind in geometrische Formen gehauen und bilden einen lebhaften Kontrast zu den natürlichen Formen der ersteren, was besonders dank Kobori Enshu ästhetisch genutzt wird. Dabei haben sich verschiedene Metho-

125 Mittelalterliche Herstellung von steinernen Gartenlaternen, Holzschnitt

124 Ursprünglich dienten Gartenlaternen der Beleuchtung des Tempelwegs. Der Tempel des Großen Buddha, Kamakura

den entwickelt, unter denen die Technik der „Verstreuten Bohnen“, mamemaki ishi, besonders interessant ist. Die Verteilung der Steine wirkt hier in der Tat völlig zufällig. Dabei ist diese Pflasterungsmethode natürlich wieder das Resultat sorgfältigster Überlegungen. Beliebt ist ein Pflaster aus kleinen, durch Form und Farbe auffallenden Kieselsteinen, die man arare jiki, Graupenpflaster, nennt.

Die Zusammenstellung der Gartenwegsteine war von mehreren Dingen abhängig, auch vom Alter des Eigentümers. So stand der Gründer des Gartens Uranosenke bereits in vorgerücktem Alter, als er seinen Teegarten anlegte, und paßte daher die Entfernung zwischen den Steinen dem Gang eines alten Mannes an, der sich mit kürzeren und vorsichtigen Schritten bewegt.

Die tobiishi dienen auch Angelegenheiten der Etikette. Im Teegarten Yabunouchi liegt ein Stein, den der Gastgeber betritt, um seine Gäste zu begrüßen; der Stein ist zweistufig: der Gastgeber macht einen Schritt vorwärts auf die vordere, etwas tiefere Stufe, wenn er den Hauptgast willkommen heißt.

126 Teegarten beim Wohnhaus mit Laterne vom Yukimidoro-Typus

127 Steinerne Gartenlaterne, Toshogu, Nikko

Der Garten roji befreit den Gast, der sich in mattfarbenem Kimono und Holzsandalen ins Teehaus begibt, von den Fesseln des Alltags, beruhigt sein Gemüt und bewirkt tiefe Sammlung. Hier scheinen auf wenigen Metern Boden nicht Sekunden, sondern Jahrhunderte zu verstreichen, als ergössen sich Vergangenheit, Gegenwart und Zukunft in den alleinigen Strom ewiger Bewegung ohne Anfang und Ende. Roji ist Symbol dieser Bewegung, Symbol des Menschenlebens.

Körperliche und geistige Reinigung bietet dem Gast das im inneren Garten befindliche Wasserbecken, zu dem ein ländliches Holztor führt. Der kurze Aufenthalt am Wasserbecken ist der Augenblick der Erfüllung eines Ritus, aber auch ein Augenblick ästhetischen Genusses. Über die Besonnenheit, mit welcher die Meister dieses Wasserbecken wählten, könnte man ebenso ganze Bücher schreiben wie über das untrügliche Feingefühl, mit dem sie es im Teegarten aufstellten.

Auch bei den Wasserbecken macht sich der Grundsatz der Verquickung von Nützlichkeit und Formschönheit geltend. Chozubachi oder tsukubai heißen diejenigen, zu denen man sich herabbeugen mußte; sie unterscheiden sich je nach Größe des Gartens, Geschmack des Herstellers und auch nach den einzelnen Teeschulen. Ihr Vorgänger in den ältesten Gärten, noch vor der Entstehung der roji, scheint der an der Quellmündung in den See liegende Stein gewesen zu sein.

In einem Teegarten fließt das Wasser zumeist durch ein Bambusbett in ein äußerlich vom Alter gezeichnetes, innen jedoch sorgfältig gereinigtes Steingefäß; es kann ein an der Küste gefundener ausgehöhlter Felsbrocken sein, der ehemalige Grundstein eines eingestürzten Tempels oder die alte Wasserrinne eines verlassenen Brunnens. Das Becken kann gestreckt sein wie ein Kimonoärmel oder rund und in der Mitte gelocht wie eine altjapanische Münze. Zur Edo-Zeit entdeckte man künstlichere Formen und bevorzugte walzen- oder tonnenförmige Wasserbecken oder auch solche, deren Gestalt an eine Kanne, an ein Schiff oder an den Berg Fuji erinnerte.

Wie es das praktische Bedürfnis verlangte, begann man die Wasserbecken so aufzustellen, daß sich der Gast nicht mehr so tief hinabbeugen mußte. Für die Teeschule omotesenke allerdings blieb das niedrige Wasserbecken typisch; es ist abgerundet, die mittlere Öffnung ist leicht zur Seite verschoben und liegt zwischen Farnen und Gräsern in einem trockenen Flußbett — das Ganze von traumhafter Stimmung. Solche Wasserbecken eigneten sich für Einsiedeleigärten, ähnlich wie diejenigen, die aus dem Stamm eines gestürzten Baumes oder anderen Naturstoffen ausgehöhlt wurden. Kobori Enshu dagegen bevorzugte Steinbecken, die die Spuren menschlicher Arbeit trugen. Bekannt ist sein viereckiges Becken, mit dem er zeigen wollte, daß das Wasser ebenso die Form des Gefäßes annimmt wie sich der Mensch seiner Umgebung und seinen Freunden anpaßt.

Mit dem Wasserbecken stand die Anordnung der umgebenden Steine in Einklang. Auch hier hatte jeder Stein seine praktische Aufgabe. Der zur Rechten hieß yutoishi; an kühlen Tagen diente er zum Aufstellen des Warmwassergefäßes. Linkerhand befand sich der „Kerzenstein“ teshokuishi. Diese Grundstellung konnte allerdings variiert und dem persönlichen Geschmack des Teemeisters oder Gartenbesitzers angepaßt werden.

Im Winter war das Becken mit Sand gefüllt, um nicht Schaden zu nehmen, und im Herbst vor fallendem Laub zuweilen durch ein Dach geschützt.

Selbst die Form der Öffnung, in die man das benutzte Wasser goß, wurde nicht vergessen und mußte der Stimmung dieses stillen Winkels entsprechen. Alles wurde peinlich sauber gehalten.

Unweit des Wasserbeckens befand sich die steinerne Laterne. Sie war mit der buddhistischen Baukunst nach Japan gekommen und fand auch in Shinto-Tempeln Verwendung. Seit dem ausgehenden 16. Jh. war sie unerläßliches Zubehör des Teegartens. Die Laternen dienten praktischen Zwecken, anfangs beleuchteten sie den Garten bei der von Abend bis Morgen dauernden nächtlichen Teezeremonie, dem sogenannten „Nächtlichen Erzählen“, später wurden sie bei Einbruch der Dämmerung angezündet, um den Gästen den Weg zu zeigen. Ihr Licht symbolisierte zugleich das Licht der Erkenntnis, das „die Wolken der Unwissenheit“ verscheucht.

Alte Gartenbücher schreiben vor, daß die Laterne in dunklen Nächten genügend Helle verbreiten muß, um ein Stolpern der Gäste zu verhindern, während in Mondnächten ihr Licht gedämpft sein soll; denn das Laternenlicht darf die Dunkelheit nicht stören, soll nur deren Zauber unterstreichen und die Nacht Nacht sein lassen.

Die steinerne Laterne besteht aus fünf Teilen: dem Schirm — kasa, der sog. Feuerstelle hibukuro, wo Licht gemacht wurde, dem Mittelteil — chudai, dem Stamm — sao und dem Sockel — gedai. Auf dieses Thema schufen die japanischen Teemeister und Steinhauer eine

128 Steinerne Gartenlaternen, Nara

Fülle von Variationen. Die Laternenverzierung war häufig mit buddhistischer Symbolik verbunden: ein beliebtes Motiv war der Lotos, dessen Blütenblätter Sokkel und Mittelteil schmückten, während die Spitze als Lotosknospe gestaltet war.

Oribes Laternen zeigen angeblich Spuren christlichen Einflusses, da man ihre einfache Form als Kreuz deuten kann. Sie gehen auf die Zeit der Christenverfolgungen in Japan zurück.

Die Laternen waren entweder nach den buddhistischen Klöstern benannt, aus denen sie stammten, oder nach berühmten Teemeistern wie Sen no Rikyu, Furuta Oribe, Kobori Enshu u.a. Nicht selten hatten diese Kunstwerke ihre eigene Biographie. Manche Benennungen bezogen sich auf die Jahreszeiten. Die Laterne yukimidoro — „Schneebetrachtung" verdankt ihren Namen wohl dem Umstand, daß sie am schönsten anzusehen war, wenn auf ihren Schirm Schneeflocken rieselten.

Der Oberteil der niedrigen dreiteiligen Laterne stellte den Himmel dar, der mittlere, wo die Flamme stand, den Menschen, und der Sockel die Erde. Das Schema der fünfteiligen Laternen symbolisierte die Theorie der fünf go-rin, jener Elemente, aus denen alles auf Erden entsteht.

Die Herstellung von mannigfaltig gestalteten Laternen ist bis heute ein in Japan verbreitetes und geachtetes Handwerk, denn die neuzeitlichen Residenzgärten haben diesen Schmuck von den Teegärten übernommen.

Wenn sich der Gast in einer rituellen Bewegung mit Hilfe einer langen Holzkelle den Mund gespült hat, ist die erste Phase der Vorbereitung auf die Teezeremonie vollendet. Beim kurzen Aufenthalt am Wasserbecken ist er bereits entspannt und empfänglich für die Schönheit der Dinge; er hat das Gefühl, ein langes Stück seiner Reise zurückgelegt zu haben. Damit ist der Sinn des „Gartenvorspiels" zur Teezeremonie erfüllt.

Der Schöpfer des Teegartens gleicht in vielem einem Tonkünstler. Er weiß den Rhythmus der Schritte auf dem Fußweg zu verlangsamen, um dem Besucher den Genuß der Linien einer krummästigen Föhre zu gönnen, oder den Blick des Gastes zur Krone eines sich rötenden Ahorns zu heben. Besondere Freude haben die Japaner an den weichen Moosteppichen, die mit ihrem samtigen Grün das Landschaftsbild beleben. Sen no Rikyu zufolge war dichtes, reines und sonnendurchstrahltes Moos am engsten mit der Vorstellung des Teegartens verbunden; es verkörperte alle wabi-Eigenschaften, das ästhetische Prinzip, das die Seele des chanoyu ist. Mondnacht und taufrischer Sommermorgen gehören gleichfalls dazu.

Dichtes Unterholz erweckte die Vorstellung eines Waldes. Später verbreiteten sich unter dem Einfluß verschiedener Schulen auch in den Teegärten niedrig gestutzte grüne Hecken längs der Wege sowie mannigfaltige lebende Zäune vor dem Eingang. Doch blieb es Gewohnheit, vor dem Tor keine laubabwerfenden Bäume zu pflanzen, wobei der Pflaumenbaum eine Ausnahme machte.

Die ganze Farbtönung des Teehausgartens ist gedämpft, Blumen gibt es da

129 Steinerne Gartenlaterne, Horyuji

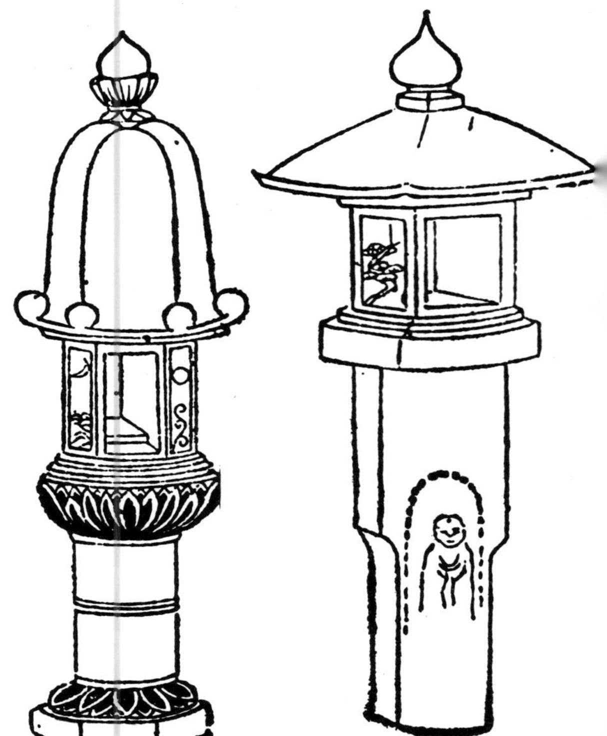

130 Teegartenlaternen wurden oft von Teemeistern entworfen. Die Oribe-Laterne (links) mit Relief von Furuta Oribe, die Enshu-Laterne (rechts) von Kobori Enshu, 17. Jh., Holzschnitt

131 Holzlaternen, ursprünglich in Tempel- und Klostergärten gebraucht

wenige. Diese sind vielmehr wie zufällige Farbtupfen in das kontrastierende Grün der Bäume und Sträucher gesetzt. Die Enthaltsamkeit in Bezug auf Farben läßt die Schönheit der chabana, des Blumenarrangements im Teeraum, um so stärker genießen.

Diese Haltung wird folgende Geschichte treffend illustrieren. Einst sprach Hideyoshi, ein japanischer Militärherrscher des 16. Jahrhunderts, den Wunsch aus, die berühmten Ackerwinden in Sen no Rikyus Garten zu sehen, die dieser, wie bekannt war, aus fremdländischen Samen zog. Der betagte Meister lud den Herrscher ein, zur frühen Morgenstunde zum Tee zu kommen, wenn die Windenblüten sich öffnen und die Schäfte in voller Blüte stehen. Wie bestürzt aber war Hideyoshi, als er den Garten betrat und keine Ackerwinden zu sehen waren. Ihr früherer Standort war mit Sand und Kieselsteinen bestreut. Erst innen im Teehaus leuchtete aus der Nische eine einzige weiße Windenblüte in einer alten Bronzevase hervor. Ihre Blätter waren noch feucht vom Morgentau.

Diese Geschichte entschlüsselt den japanischen Schönheitsbegriff als tiefinnerliches Erlebnis, die Frucht bewußter geistiger Disziplin und der Bereitschaft, alles zu opfern, um den geheimen inneren Sinn der Dinge zu offenbaren. Eine ähnliche Geschichte wird von Iehara Jizen, dem Eigentümer einer kostbaren Bambusvase erzählt. Als er sie bei der Neujahrs-Teezeremonie seinem geschätzten Freund zeigen wollte, hatte er ein neues Teehaus ohne das geringste Stück Bambus gebaut und diesen Baum auch aus seinem Garten entfernt, damit die Bambusvase ganz besonders zur Wirkung kam.

Aber wir wollen auf dem Teegartenpfad ein Stück weitergehen. Vom Wasserbecken aus erblickt der Gast den Gartenabschnitt, der bereits die Nähe des Teehauses ahnen läßt. Eine Wand scheint durch das Gebüsch, der niedrige Eingang wird sichtbar. Auf einem überdachten Holzruhebett, koshikake genannt, warten die Gäste, bis der Gastgeber erscheint, um sie mit einer Verbeugung zu begrüßen. In vergangenen Zeiten zogen sich die Gäste in der sog. nakaji, der Pause in der Teezeremonie, dorthin zurück.

Von dieser Ruhebank führen die Steine tobiishi zum „Sand- und Schneewinkel“, dem sunasechin. Auch dieser der Hygiene geweihte Ort bezeugt, daß es im Leben nichts genug Prosaisches gibt, um nicht zum Gegenstand ästhetischer Gestaltung und zugleich zum Symbol der Wandelbarkeit aller Dinge, der unlöslichen Verbindung des menschlichen Daseins mit dem Kreislauf der Natur zu werden.

Die Gäste werfen einen Blick in das sunasechin, um die Anordnung der zwei von leuchtend weißem, vollendet sauberem Sand umgebenen flachen Steine zu bewundern.

Von außen sieht das Teehaus wie eine gewöhnliche Dorfhütte aus. Unterschiedlich ist bloß der vordere Eingang, der sehr klein ist und von der Ruhebank auf Steinen erreicht wird; der letzte heißt noriishi, der Stein, über den man emporsteigt. Nach altem Brauch liegt neben dem Eingang ein höherer Stein für das Ablegen der Schwerter; kein mittelalterlicher Adeliger oder Krieger durfte das Teehaus bewaffnet betreten, obgleich ihre beiden Schwerter sie sonst auf Schritt und Tritt begleiteten. So verschwanden wenigstens auf kurze Zeit im Teehaus die sozialen Unterschiede zwischen Adeligen und Bürgern.

An der Wand des Teehauses hängt auch ein so prosaischer Gegenstand wie der Besen. Auch das hat in dieser Umgebung einen gewissen nostalgischen Beigeschmack. Das Kehren des Gartens am frühen Morgen oder in der lauen Abend-

132 Farbenharmonie im Teegarten

dämmerung gehörte zu den beliebten und beruhigenden Handlungen der Teemeister.

Sauberkeit ist ein unzertrennlicher Begleiter des Teegartens wie der Teezeremonie. Diese Sauberkeit aber wird mit Feingefühl erreicht, mehr durch leichte Berührung als durch gründliches Aufräumen. So wird erzählt, einst habe Sen no Rikyu seinem Sohne aufgetragen, vor der Ankunft der Gäste den Garten zu kehren. Als er fertig war und Rikyu nachsehen kam, war er nicht zufrieden. So machte sich der Knabe aufs neue an die Arbeit. Auch dann erntete er kein Lob. Da kniete er sich vor den Vater hin, verbeugte sich tief und fragte: „Was soll ich, mein Vater, noch weiter tun? Ich habe den Gartenweg sauber gefegt, das Laub zusammengeharkt, das Moos leuchtet grün, kein Stäubchen ist zu sehen.“ — „Du begreifst, mein Junge, noch immer nichts“, antwortete Rikyu, ging in den Garten und schüttelte den Ahorn, so daß sich dessen schön gefärbtes Laub ringsumher verstreute.

Unweit des Teehauses liegt die chiriana, die Grube für den Gartenabfall. Sie ist geschickt hinter Gebüsch oder dem „Ärmelzaun“ sodegaki aus Rohr oder Bambus versteckt, der so gebaut ist, daß er nicht nur den unangenehmen Anblick der Abfallgrube verhüllt, sondern auch den Hintergrund für die steinerne Lampe, eine Azalee oder einen anderen Strauch abgibt.

Vor dem Betreten des Teehauses legen die Gäste ihre Sandalen ab und kommen kniend ins Haus; dazu zwingt sie der niedrige Eingang, auch wird so die Bescheidenheit und Gleichheit aller Beteiligten unterstrichen. Manche Gäste bringen selbst ein zweites Paar Socken mit, um sie in der Wartezeit auf der Ruhebank anzuziehen, wenn sie die geringste Spur von Schmutz auf ihren tabi fänden.

Der Teeraum ist klein, ganz schlicht, aber geprägt von der Persönlichkeit des Gastgebers. Diese äußert sich in der Wahl des Wandbildes, der Art des Blumenarrangements in der Nischenvase tokonoma, in der Wahl von Teegerät und -geschirr sowie in der Gestaltung des offenen Kamins im Fußboden.

133 Laterne am See im Teegarten. Die Aussaat von Gräsern gehört zur Ufergestaltung von Gartenbächen

134 Kombination von Gartensteinen mit immergrünen Sträuchern und Nadelhölzern

Die Blumenanordnung für die Teezeremonie lehrt ein Sonderzweig der ikebana-Kunst. Charakteristisch ist ihre durchdachte Einfachheit. Oft faßt die Vase nur eine einzige Blüte oder einen sorgfältig ausgesuchten Zweig, der der Stimmung des Tages entspricht.

Das Wandbild zeigt zumeist die kalligraphische Wiedergabe des Ausspruchs eines Zen-Philosophen zum Thema „Ruhe“, „Erleuchtung“ oder „Einheit von Mensch und Natur“. Für diese Art Zeichen-Kalligraphie war eine die geistige Entspannung ausdrückende Flüssigkeit der Schriftzüge kennzeichnend und natürlich.

Die mit weißem Papier beklebten Fenster des Teehauses lassen nur gedämpftes Licht eindringen und ermöglichen eine je nach der Tageszeit geregelte Lichtzufuhr. Wie aus den Schilderungen von meisterlich veranstalteten Teezeremonien hervorgeht, waren Zusammenkünfte am taufrischen frühen Morgen, an Vollmondabenden oder an späten Winternachmittagen, wenn eine leichte Schneedecke auf dem Garten lag, von besonderem Reiz. Heute ist der frühe Nachmittag die beliebteste Teezeit.

Nach dem Eintritt in den Teeraum sind die Gäste eine Weile sich selbst überlassen, um die Umgebung aufzunehmen und den Geschmack des Gastgebers zu beurteilen. Erst dann tritt dieser aus dem Nebenraum ein, begrüßt die Gäste aufs neue mit einer tiefen, diesmal aber leichteren Verbeugung und wechselt mit

135 Garten mit künstlichen Hügeln vom gyo-Typus, Holzschnitt

136 Moderner Teepavillon mit kleinem See

dem Hauptgast ein paar Worte über Wandschmuck oder Blumenarrangement. Nun können sich die Gäste im Verlauf des Teeservierens dem Genuß der Kunst hingeben, mit der der Gastgeber mittels feinster Details eine durchgeistigte, von wabi-Gefühlen erfüllte Atmosphäre hervorruft.

Das benutzte Teegerät ist ganz einfach und dabei von erlesenem Geschmack. Oft hängt sein Dekor von den Jahreszeiten ab, ruft im Sommer die Vorstellung kühlen Windhauchs, im Winter das Gefühl warmer Geborgenheit hervor. Eigentümliche Freude spendet das Summen des siedenden Wassers im Eisenkessel, der mit Holzkohle geheizt wird. Vor mehr als drei Jahrhunderten schrieb Meister Rakuan in sein Tagebuch: „Der Gastgeber bewillkommnete die Gäste, und dann lauschten sie schweigend dem siedenden Wasser im Kessel. Sein Ton erinnerte an das Säuseln des Windes in den Zweigen der Föhre am Meeresgestade. In diesen Augenblicken vergaßen alle ihre Sorgen und Kümmernisse . . .“

„Nichts darf diese kurze Weile stören, vor allem nicht Gespräche über Religion,

137 Teehaus

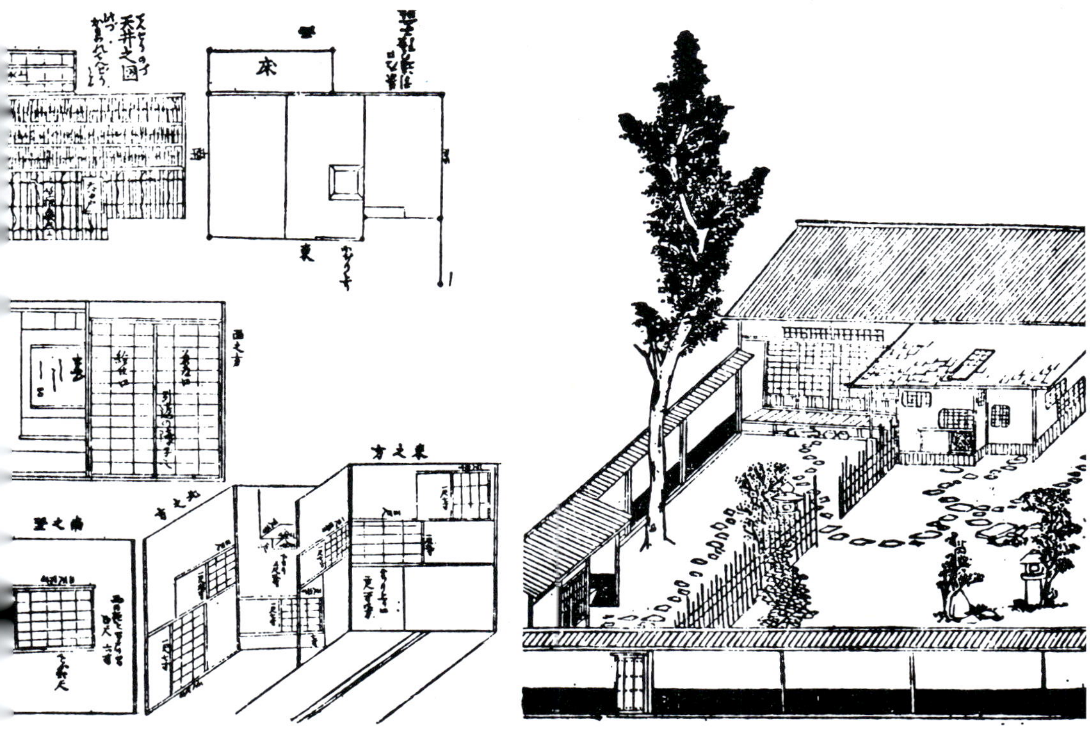

138 Teehaus mit traditioneller Raumgliederung

den Besitz der Nachbarn und Verwandten, über Kriege, Leidenschaften und Laster", vermerkte Sen no Rikyu, und seine Nachfolger hielten sich an diese Regel.

In den Zeiten, da die Teezeremonie entstand, da in Adels- und Bürgerhäusern alle Hausarbeit von Dienern verrichtet wurde, empfanden die Gäste die physische Handlung der Teebereitung und aller damit zusammenhängender Geschäfte als Ausdruck der Bescheidenheit und Demut des Gastgebers.

Bei der Zeremonie nimmt der Gastgeber mit einem Bambuslöffelchen Teestaub aus einer Keramik- oder Lackbüchse und tut zwei bis drei Portionen in eine bauchige Keramiktasse. Dann gießt er mit einer Schöpfkelle siedendes Wasser auf und schlägt den Tee mit einem

139 Ch'iou Ying, chinesischer Maler, Landschaft, 16. Jh.?, Detailansicht. Eines der Vorbilder, die japanische Maler und Gartenkünstler beeinflußten

140 Kano Hideyori, Betrachtung von Ahornbäumen, Wandschirmmalerei, 16. Jh. Eine Festlichkeit, bei der Tee getrunken wurde.

Bambuspinsel schaumig. Hierauf bietet er die Tasse dem Hauptgast an, der nimmt einen Schluck und reicht sie weiter. Das Wichtigste dabei ist die Ungezwungenheit und Grazie, mit der jede Bewegung nach festgesetzten Regeln vorgenommen wird. Heute erhält jeder Gast seine eigene Tasse.

Der Tee schmeckt bitter — auch das gehört zur wabi-Stimmung. Bisweilen wird der bittere Geschmack noch dadurch verstärkt, daß zu Beginn der Zeremonie Süßigkeiten gereicht werden. In der Vergangenheit bestand die Bewirtung in einem leichten, einfachen Essen, kaiseki genannt: das Wort leitet sich von dem Brauch der Zen-Mönche her, auf der Brust einen angewärmten Stein zu tragen, um den Hunger zu unterdrücken. Jeder bei der Teezeremonie verwendete Gegenstand ist geprägt von edlem, aber typisch rustikalem Geschmack. Die Anweisungen der Teemeister inspirieren die japanischen Handwerker und Künstler auch heute noch zur Erfindung immer neuer Herstellungsverfahren von Löffeln, Lackplatten und Teebüchsen, Blumenkörben und vielen anderen einschlägigen Gebrauchsgegenständen.

Die Teezeremonie hat nicht wenig für die Kultiviertheit der japanischen Umgangsformen getan. Schon der Weg durch den Garten befriedet Schritt, Geist und Gesten. Im beengten Teeraum gehen alle Bewegungen der Anwesenden in geschmeidigem, lässigem Rhythmus vor sich, die Gäste bemühen sich um ausgesuchte Höflichkeit. Die Meisterschaft des Gastgebers, von der Begrüßung der Gäste im Garten bis zum Abschied am Eingangstor, ist das Ergebnis langer Übung und verlangt viel Ausdauer und Geduld. Die Zeremonie im gartenumgebenen Teehaus schafft die geeignete Atmosphäre für ästhetische und philoso-

142 Die Ikebana gehört in den Teeraum und zum Komplex der Tee-Ästhetik

141 Gartenlaterne an niedrigem Wasserbecken, Holzschnitt

143 Pflanzenmotive auf traditioneller Keramik aus Karatsu, bei der Teezeremonie verwendet

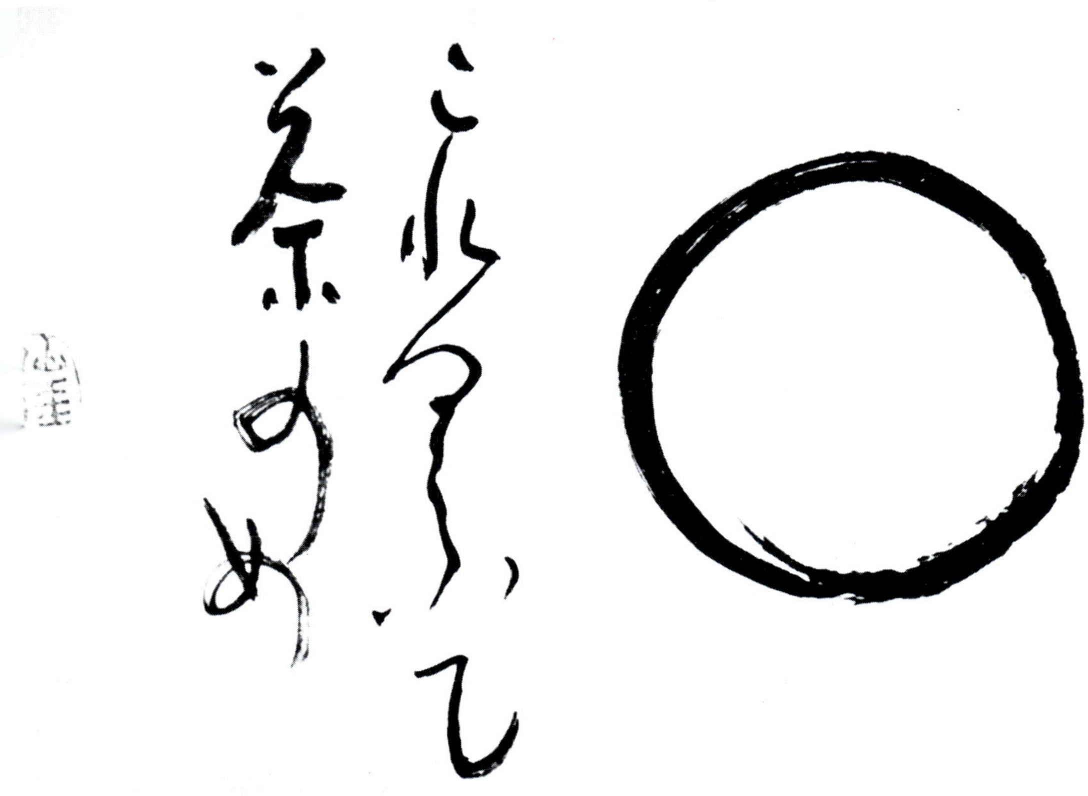

144 Sengai, Der Kreis, Zen-Malerei. Diese Bilder hängen in Teehäusern

phische Gespräche, je nach dem geistigen Niveau der Teilnehmer. Die Natur und der Teegarten, den die Gäste besichtigt haben, bilden dabei, zumindest am Anfang, stete Gesprächsthemen.

Bei der starken Verbreitung der Teezeremonie in den breitesten Schichten ist es nur natürlich, daß sich das Gespräch dann oft auf die konventionelle Bewunderung des Teegeschirrs, der „ikebana", des Wandschmucks, der Raumeinteilung und der Besonderheiten des Teegartens beschränkt. Dabei unterscheidet sich die Zeremonie in Einzelheiten nach Schulen und Teemeistern.

Etwa nach zwei im Teehaus verbrachten Stunden beginnt die unwirkliche Stimmung allmählich abzuklingen. Aber man achtet darauf, daß der Übergang in die Wirklichkeit kein plötzlicher ist, daß sich der Gast noch lange danach in der Erinnerung dem Genuß des Erlebnisses hingeben kann.

Der Teegarten, durch den der Gast

nun zurückkehrt, spendet dem sensiblen Betrachter immer neue Freuden. Im Wandel der Jahreszeiten zeigt er unendlich viele Gesichter, ein ausnehmend reizvolles in Regen und Schnee.

„Die Teezeremonie verlöre ihren Sinn, wenn ihre Veranstalter keine Freude am weißen Schnee und lauen Regen empfänden", pflegten die alten Teemeister zu sagen. Sie wußten, daß an solchen Tagen das Klappern der Holzsandalen auf dem Steinpflaster eigentümlich zu Herzen geht und daß die geistige Verfassung des ankommenden Gastes schon an diesem Ton zu erkennen ist.

Im Winter decken die Gärtner den Teegarten oft mit Föhrenzweigen zu, die das Moos schützten, und hüllen empfindliche Bäume und Sträucher in Strohgarben.

Im Laufe der Entwicklung der Teezeremonie legten die führenden Teeschulen Komplexe mehrerer miteinander verbundener Teehäuser und -gärten an. In Zusammenhang damit entfaltete sich der kunstvolle Bau von Toren und Zäunen und bildete sich zu einem selbständigen Handwerk heraus, das im Residenzbau besonders zur Geltung kommt. Interessant ist die Schiebetüre aus Bambus agesunoko, die zwei roji miteinander verbindet; die mannigfaltigen inneren rustikalen Türen und Tore waren in der Regel mit Strohdächern gedeckt.

Die Meister Furuta Oribe, Kobori Enshu und Honami Koetsu[57] brachten neue Elemente in die Teegartenarchitektur, indem sie sich von der traditionellen, ausschließlich naturgetreuen Gartengestaltung entfernten und es wagten, geometrische Linien und Formen einzuführen, die vorher in der Gartenkunst undenkbar waren. Das zeigt sich vor allem in der Musterung des Pflasters, in den Formen der Lampen und Wasserbecken. Sie legten größeren Wert auf ästhetische Wirkung als auf den praktischen Nutzen. Aufgrund dieser neuen Auffassung folgte der Teegarten dem Grundsatz sakiagari, nach dem sich die Linie der Bäume vom Teehaus gegen den hinteren Gartenteil hob. Rikyu hingegen war umgekehrt vorgegangen — beim Teehaus stand ein hoher Baum und die Gartenlinie sank rückwärts ab.

Zuweilen veranstaltete man die Teezeremonie direkt im Garten, das sog. nodate. Bis heute kommen bei festlichen Anlässen die Teemeister verschiedener Schulen und deren Anhänger in gewissen großen Gärten wie dem Hamarikyu-Garten in Tokio zusammen.

Die Teezeremonie ist eine in Japan noch heute lebendige Institution, die dem Lärm und hastigen Trubel der gigantischen Großstädte als stille Zuflucht das Gegengewicht hält. Solange sie lebt, wird auch die Teegartenkunst weiterblühen.

145 Teezeremonie

146 Die heutige Teezeremonie im Garten heißt „nodate“

147 Gartentor und geformte Sträucher, Daitokuji, Kyoto

148 Eingangstor des kaiserlichen Gartens Shugakuin, Kyoto

*„Die da auf Blüten warten —
gern wollt ich ihnen zeigen
das lichte Fleckchen Grün
mitten im eingeschneiten
Dorfplatz in den Bergen . . .“*
Fujiwara no Ietaka

Eine Welt klarer Strukturen

Ein charakteristisches Entwicklungsmerkmal der japanischen Gartenkunst ist ihre fortschreitende gattungsmäßige Verzweigung je nach Aufgabe und Bestimmung sowie der starke religiös-philosophische Einfluß auf ihre ästhetische Formgebung.

Als das politisch zersplitterte Land im ausgehenden 16. Jahrhundert nach langen Kämpfen geeint war und seine mit-

149 Innenzaun im großen Garten, Nijo, Kyoto

150 Bambustor beim Teehaus im kaiserlichen Garten Shugakuin, Kyoto

telalterliche Kultur sich ihrem Höhepunkt näherte, machten sich die Veränderungen der gesellschaftlichen Verhältnisse auch in der Gartenkunst geltend. Sie bedeuteten jedoch nicht die Unterbrechung der jahrhundertealten Traditionen, sondern vielmehr deren Neubelebung und weitere Ausgestaltung in den großen Ringgärten, kaiyu-teien genannt.

Diese Gärten bildeten eine Synthese der bestehenden Gattungen und erfüllten eine ähnliche Aufgabe wie die Parkanlagen, die die europäischen Adelsschlösser umgeben. Da sie dem spezifisch japanischen Lebensstil dienten, waren sie anders komponiert und auch von ganz anderer Bedeutung. In vielem ähnelten sie einer Symphonie, denn sie bestanden wie diese aus einer Reihe verschiedener, durch einen tragenden Gedanken zusammengehaltener Motive.

Die Komposition solcher Gartenkomplexe war äußerst anspruchsvoll, da sie mittels mannigfaltiger Szenerien und Landschaftsbilder den Schönheitssinn

151 Fußweg aus quadratischen Steintafeln, Gestaltung der Stufen zur Brücke, Katsura, Kyoto

152 Gestaltung von Stufen und Gartenpfad, Rinnoji, Nikko

und das Naturgefühl stärken, gesteigerte Emotionen und starkes Erleben möglich machen sollten.

Zu dieser Gattung gehören die berühmten Gärten Samboin, Katsura, Shugakuin, Sentogosho sowie die übrigen großen Gartenanlagen von Kyoto, ferner Ritsurin in Takamatsu, die Gärten Korakuen in Tokio und Okayama und viele weitere, die über ganz Japan verstreut sind.[58] Ausgangsthema der Gartenkomposition kaiyu ist der ausgedehnte See, der vor allem damit an die Traditionen der Heian-Gärten anknüpft, daß er nicht selten für Bootsfahrten und die Bewunderung der Gartenszenerie vom Wasser

153 Blick auf den Ringweg im Shiba-Garten, Tokio

her bestimmt ist. Hier überlebt auch die Symbolik der Horai-Insel, freilich nur noch in Andeutungen. Auch künstliche Hügellandschaften beleben die Szene.

Von früher bekannten Gattungen haben die kaiyu-Gärten den Teegarten und als Kontrastwirkung auch den Trockenlandschaftsgarten übernommen. Mit besonderer Vorliebe wird die landschaftliche Umgebung in die Gesamtwirkung des Gartens mit einbezogen. Dazu kommen weitere interessante Details, wie die Nachahmung berühmter Stätten, ein bereits in den Heian-Gärten beliebter Brauch.

Den Zentralbau des kaiyu bildet der zumeist im Shoin-Stil errichtete Adelssitz. Er steht im Einklang mit der Landschaft sowie der Architektur der Teehäuser, Pavillons und Kapellen. Diese Stützpunkte der Gartenkomposition vollenden die innere Ordnung der Anlagen. Die einzelnen Gartenteile sind durch Wege verbunden; sie winden und schlängeln sich, wie es die Anlage des Gartens erfordert. Der Gartenweg potenziert den ästhetischen Eindruck der Landschaft, denn auf ihm kann der Besucher interessante Gartenabschnitte von verschiedenen Seiten betrachten. Ruhepunkte und Gelegenheit, seine Eindrücke zu ordnen, bietet ihm ein Aufenthalt an der Gartenlampe, dem Wasserbecken, Wasserfall, Teehaus oder im Trockenlandschaftsgarten.

Der Gartenweg an sich ist ein Meisterwerk. Er muß seiner praktischen Aufgabe sowie der ästhetischen Gesamtstimmung gerecht werden. Zumeist ist er aus erfindungsreich zusammengelegten Steinen verschiedener Formen und Größe gebaut. Diese Kombinationen dienen modernen Architekten auch heute noch als Vorlagen. Die Pflasterungsmethode trägt die Spuren der beiden im 17. Jh. entwickelten Haupttendenzen des Gartenbaus: Es ist einmal der von Furuta Oribe und Kobori Enshu eingeführte Stil gerader Linien und geometrischer Formen, zum andern der mehr konservative Stil, der auch den tiefsten Eingriff der menschlichen Hand in die Natur dem Auge möglichst wenig sichtbar macht.

Auf dem Gartenweg wechselt je nach praktischem Bedürfnis glattes Pflaster mit den von den Teegärten übernommenen unregelmäßigen Steinen ab. Gewisse oft begangene Wegabschnitte, etwa der Verbindungsweg zwischen Haupttor und Gartenhaus, sind der ganzen Breite nach mit feinen Kieselsteinen gepflastert, um sie auch bei ungünstiger Witterung gangbar zu halten. An Stellen, wo der Besucher sich einsam seinen Gedanken überlassen soll, verlangsamen die unregelmäßigen, schönen tobiishi seine Schritte; sie sind so angeordnet, daß sie auf die Nähe eines Wasserfalls, einer im Gebüsch versteckten Gartenlampe oder eine andere Sehenswürdigkeit aufmerksam machen oder den Blick aus verschiedenen Sehwinkeln auf die Berge im Hintergrund des Gartens bzw. den Wasserspiegel des Sees lenken. An Kreuzwegen liegen in der Regel große flache Steine; sie lassen dem Betrachter Zeit zur Überlegung, welchen Weg er einschlagen soll, was er nun besichtigen will. Dort, wo der Garten sich weit den Blicken öffnet, geht der Pfad in einen bequemen Weg über, der mit Sand oder feinem Kies bestreut ist.

Weg- und Pflastersteine sind zumeist aus Tonschiefer, Quarz und Granit. In der besonderen Gartengeschichte sowie in den Tagebüchern der Gärtner werden die Herkunftsorte der Steine angegeben. So wissen wir, daß Kobori Enshu für den Garten Sentogosho[59] in Kyoto eine große Menge von Rollsteinen aus der meh-

154 Die aus Steinen in Form von Brückenpfeilern gebaute Furt gehört zu den meistbewunderten Sehenswürdigkeiten auf dem Gartenringweg

155 Monolithsteg. Der Grund des Gartenbaches mit Steinen gepflastert

rere hundert Kilometer nördlich gelegenen Stadt Odawara bestellte. Von der Sorgfalt, mit der man die Steine transportierte, zeugt die Tatsache, daß jeder einzelne in ein Baumwolltuch gehüllt war.

Vor allem an denjenigen Orten kann der Gartenarchitekt sein Können und seine Phantasie unter Beweis stellen, wo der Pfad auf fließendes Wasser trifft. In der Regel hat er zu zwei Verbindungsmitteln gegriffen, der Furt oder der

157 Traditionelle Gartenanlage in der mittelalterlichen Burg Himeji

156 Die großen Landschaftsgärten entstanden ursprünglich um Burgen und Sommersitze des Adels

Brücke. Die Furt besteht aus Steinen, die aus dem Wasser herausragen und so angelegt sind, daß die ästhetische Wirkung ihres unteren, vom Wasser umspülten Teiles in Farbe und Form gleichfalls zur Geltung kommt. Die bekannteste dieser Art ist im Garten Suizenji in Kumamoto auf der Insel Kyushu zu sehen. Zuweilen besteht die Furt aus Steinen, die an Brükkenpfeiler erinnern und schachbrettartig im Flußbett aufgestellt sind.

Wo der Gartenpfad nur eine Abzweigung zum See oder Bach bildet, endet er entweder am Ufer oder führt symbolisch unter dem Wasser weiter. Die Steine sind im durchsichtig klaren Wasser gut zu sehen, und der von der Sommerhitze ermüdete Spaziergänger fühlt sich bei ihrem Anblick erfrischt.

Zur künstlerischen Gestaltung der einzelnen Gartenabschnitte tragen die Brükken bei. Ihre Lage beeinflußt die Wahl von Form und Material. Manche Brükken sind nur symbolisch und vollenden die Atmosphäre der Landschaftsszene. Die meisten kaiyu-Brücken aber dienen ihrem Zweck. Sie wölben sich über Wasserläufe, verbinden Inseln mit dem Seeufer oder führen den Besucher über kleine Seebuchten. Wo der Gartensee genü-

158 Innenteil des Burggartens mit geformten Sträuchern, Himeji

gend tief für Bootsfahrten ist, stehen gewölbte sog. Trommelbrücken, unter denen das Boot bequem durchfahren kann, wie z. B. im Samboin-Garten zu Kyoto. Diese Brücken sind aus Rundholz hergestellt und oben mit festgestampftem Lehm bedeckt. Ein sehr bekannter Typus ist die Gartenbrücke yatsubashi. Sie besteht aus acht auf niedrigen Pfeilern schachbrettartig ruhenden Brettern. Diese Bauart hat den Künstler Ogata Korin[60] zu seinem Dekor auf dem Deckel einer Lack-Schreibzeugkasette inspiriert, dessen originelles Motiv den europäi-

159 Blütenpergola mit Glyzinien. Garten des Kaiserpalastes, Kyoto

160 „Gartenunterhaltungen", Hishikawa Moronobu, Das Lauschen dem Gesang der Vögel — Volière im Garten, Holzschnitt

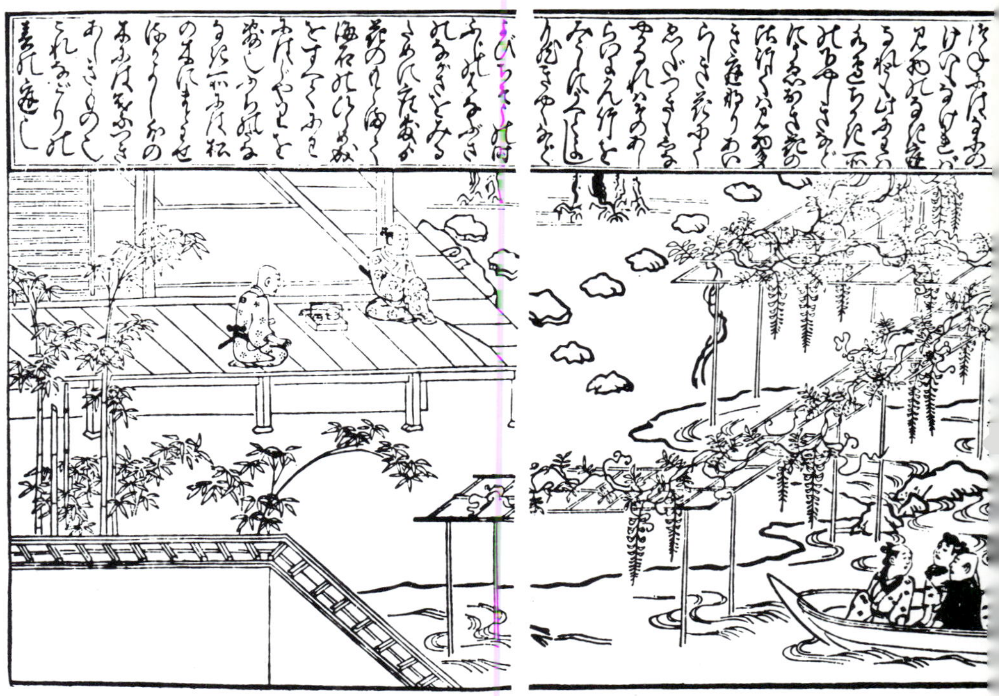

161 „Gartenunterhaltungen". Hishikawa Moronobu, Betrachtung von Glyzinien vom Boot aus, Holzschnitt

162 Wichtiger Bestandteil der Ringgärten sind Brücken am richtigen Ort. Die Onrindo-Kapelle, Katsura, Kyoto

schen Impressionismus und Jugendstil beeinflußt hat.

Hochgeschwungene Brücken gestatten die Aussicht auf den Garten. Die berühmteste war die rote Lackbrücke im Garten der Villa Katsura, die jedoch nicht erhalten geblieben ist. Besonders hoch gewölbt ist die „Mondsichelbrücke" im Ritsurin-Garten zu Takamatsu, einer der ausgedehntesten Gartenanlagen Japans.[61] Sie ist ein beliebter Aussichtspunkt auf die prächtige Landschaft, die ein Teepavillon ziert.

Es gibt auch gedeckte Brücken wie die Chitose-Brücke im Garten Shugakuin. In dem heute vom Giganten Tokio bedrängten Hama-Garten erheben sich drei Brücken mit Pergolen, an denen sich Wistarien emporranken. An Orten, die an stille Waldwinkel erinnern, sind auch weiterhin einfache Stege aus flachen Steinen beliebt.

166 Gewölbte Steinbrücke. Heiligtum Hachimangu, Kamakura

163 „Gartenunterhaltungen“, Hishikawa
◁ Moronobu, Das Blütenfest, Holzschnitt

◁ *164* Die „Trommelbrücke“ und die über das Wasser geneigte Föhre sind beliebte gärtnerische Kompositionen

165 Gartensteg auf Lacktablett

Steinkompositionen nehmen in den kaiyu-Gärten keine so führende Stelle mehr ein wie in den älteren Gärten. Eine Ausnahme bildet der früheste kaiyu, der im ausgehenden 16. Jahrhundert umgebaute Sambion-Garten. Der Militärherrscher Hideyoshi Toyotomi hatte damals eine große Menge von Steinen zusammentragen lassen — heute sind noch mehr als 700 übrig. Unter ihnen auch Hideyoshis Lieblingsstein Fujitoishi, dessen Vergangenheit so bewegt ist, daß sich japanische Chronisten mit ihr befaßten. Bekanntlich hat Exkaiser Gomizunoo[62] für seinen Shugakuin-Garten Lehm zu Steinformen modelliert und seine Gärtner dann im Freien ähnliche Natursteine suchen lassen. Im Garten des Kyoter Nijo-Palastes[63], der 1624 von Kobori Enshu angelegt wurde und auch unter dem Namen „Hachijin no niwa“ — Garten der acht Kriegslager bekannt ist, stellen die Steingruppierungen Militärlager vor.

Zur Edo-Zeit aber sank das Interesse an Steinarbeit ständig, denn die Gärten nahmen mehr lyrischen, weiblich-lieblichen Charakter an, wodurch sie sich von den früheren merklich unterschieden. Als zu Beginn des 19. Jahrhunderts die Edo-Zeit ausklang, bevorzugte man niedrige, abgerundete Steinformen.

167 Brücke, Mihashi, Nikko

Dem Gesamtcharakter der kaiyu-Gärten im Edo-Stil entsprachen sanft dahinrieselnde Bäche und Bächlein. Der Garten wurde immer lichter und weiträumiger, war die Stätte friedsamer Spaziergänge, stiller Rast, zugleich aber auch der Schauplatz geselliger Lustbarkeiten, die mit der Bewunderung der Frühlingsblumen, des buntgefärbten Herbstlaubes und dem Spiegelbild des Vollmonds im See einhergingen. An besonders herrlichen Aussichtspunkten errichtete man Lusthäuser und Pavillons mit poetischen Namen wie Rakushiken — „Heimstätte der Freuden", Riuntei — „Wolkenberührender Pavillon" oder Shokatei — „Pavillon der Freude an Blüten".

Die Teehäuser dieser großen „Schloß"-gärten folgten nicht mehr dem Stil der Einsiedelei — soan, sondern dem nüchternen Shoin-Stil, was freilich nicht ausschloß, daß beide Stilarten in einem Garten vertreten sein konnten. Beim Spaziergang durch den Garten hielten sich die Gäste in der Regel im Teehaus nur auf, um es zu bewundern. Die Teezeremonie wurde nur zu besonderen Anlässen abgehalten.

Steinerne Lampen tragen mit ihren Formen, anziehenden Namen und ihrer interessanten Geschichte zur Schönheit der kaiyu-Gärten bei. Sie bilden Kompositionen mit Wasserbecken, vollenden den Zauber von Kaskaden und Wasserflächen. Es treten auch neue, ungewohnte Formen auf. Während hohe Laternen nur ein Podest haben, stehen die niedrigen zumeist auf vier bis sechs Füßen. Vielbewundert sind zweifüßige Laternen und solche, die den Wasserspiegel beleuchten. Zu diesen gehören die berühmten Glühwürmchenlaternen, hotaru-doro: Ihr über das Wasser flimmernde Licht läßt an nächtlichen Glühwürmchentanz denken. Besonders bemerkenswert ist die sodegata-doro, „Ärmellaterne". Fast kubistisch anmutende Formen wurden von Kobori Enshu in die Laternenherstellung eingeführt: seine sanko-doro, etwa „Dreifach scheinende Laterne", hat die Gestalt eines Steinquaders mit drei verschieden angebrachten Öffnungen, durch die das Licht nach außen dringt. Die Laterne sieht aus, als wäre sie soeben aus der Hand eines Gegenwartskünstlers hervorgegangen und nicht vor längst vergangenen Zeiten entstanden. Erwähnenswert sind ferner die yagura-doro, eine turmartige Laterne, die yamadera-doro — Klosterlaterne, die takimi-doro — Laterne am Wasserfall und die Koreanische, chosen-doro.

Neben den Laternen haben die von den Teegärten übernommenen Wasserbecken zum Händewaschen und Mundspülen nichts von ihrer Beliebtheit eingebüßt. Unter dem Einfluß der chinesischen Malerei hat man in den parkartigen Adelsgärten auch Miniaturpagoden errichtet.

168 Brücke, Detailansicht, Mihashi, Nikko

169 Brücke im äußeren Teil des kaiserlichen Palastgartens, Kyoto

170 Das Heiligtum Futaarasan, Nikko

Große Bedeutung gewann zur Edo-Zeit das Formen und Stutzen von Bäumen und Büschen. Das gilt für alle Genres, auch für die kaiyu. Sorgfältiges Studium von Tuschgemälden sowie die Beobachtung der Natur leiteten die Gärtner zur Vervollkommnung der technischen Formgebung an. Neben dem „Großen Schnitt“, mit dem hohe Bäume geformt wurden, verbreitete sich auch das Stutzen immergrüner Sträucher — „Kleiner Schnitt“ genannt. Geformte Sträucher symbolisierten häufig Steine, Meereswellen oder Wasserfälle. Dabei wollte man keineswegs den Effekt einer unnatürlichen Symmetrie erreichen, sondern mit einem kühnen Schnitt die naturgegebenen Wellen- und Bogenlinien der Landschaft hervorheben. An Stellen, die eine Nutzung der traditionellen „geborgten Landschaft“ gestatteten, entstanden ausgedehnte, mehrere Hektar umfassende Gartenanlagen. Von diesem Gesichtspunkt war die auf drei Seiten von Bergen umgebene Stadt Kyoto ein idealer Ort für den Bau von kaiyu-Gärten. Diese verschmelzen an anderen Stellen wieder mit ausgedehnten Wäldern, wie es z. B. in Nikko der Fall ist[64], oder gehen ins Meeresgestade über, wobei, wie auf Miyajima[65], der Wechsel der Gezeiten das Landschaftsbild vollendet.

In den „Schloß“gärten des Adels war es im 18. Jh. Mode, berühmte, landschaftlich reizvolle Orte in verschiedenen Gegenden Japans nachzuahmen. Das hing mit der Gepflogenheit der Shogune von Tokugawa zusammen, die zu mächtig werdenden großen Provinzfürsten regelmäßig nach Edo, dem Sitz der Militärregierung, zu beordern und sie in dieser Stadt dann längere Zeit hinzuhalten, um ihren weiteren Machtanstieg zu verhindern. Diesen Fürsten — daimyo — gefiel es dann, schöne Gegenden, die sie auf ihrer Reise bewundert hatten, im eigenen Garten nachzuahmen. So erschienen die ersten Miniaturmodelle des Berges Fuji oder die Szenerie einer der dreiundfünfzig Stationen auf der Tokaido, der Verbindungsstraße zwischen der Stadt Edo und der kaiserlichen Hauptstadt Kyoto. Im Edo-Garten Rikugien ließ sein Besitzer mehrere Dutzend durch

171 Gärtnerische Gestaltung des Eingangs ins Hauptgebäude, Nijojo-Palast, Kyoto

172 Der Garten in Hamamatsu, Kloster Kamoidera. Vorbild für die Anlage großer Gärten, Holzschnitt

173 Innerer Teil des kaiserlichen Palastgartens, Kyoto

174 Eingang in ein kleines Shinto-Heiligtum mit Holzlaternen

ihre Schönheit berühmte Küstenlandschaften von Wakanoura unweit von Wakayama nachbilden. Chinesische Namen trugen fremdländische Akzente in die Gärten. Im Ritsurin-Garten in Takamatsu erhielten sechs Seen ihre Namen nach den bekanntesten Seen in China und dreizehn Hügel stellen berühmte Berge aus der chinesischen Geschichte dar.

Es herrschte der schöne Brauch, Dichter mit der Wahl der schönsten Gartenplätze zu betrauen. So bezeichnete Reizan Tamemura im Garten Sentogosho die „Zehn überirdisch schönen Landschaften".

Gehörempfindungen wie die vom Wasser, vom Wind, von Insekten hervorgebrachten Töne verstärkten den Gesamteindruck. Schon von weitem lockte den Gartenbesucher das Tosen der Kaskaden, auch wenn es sich mit dem Donner des fast hundert Meter hohen Wasserfalls in Nikko kaum vergleichen ließ;

175 Große Gärten wurden auch um shintoistische und buddhistische heilige Stätten angelegt, Futaarasan, Nikko

176 Pforte, torii und Laternen bezeichnen die Quelle, an der der Gartenweg vorbeiführt

dieser diente vielen Gartenkaskaden als Vorbild. Lyrische Stimmungen konnten das Plätschern des Bächleins, das Auffallen der Wassertropfen aus dem Bambusrohr ins steinerne Wasserbecken, der Frühlings- oder Herbstregen erzeugen. Einer der Kaiser ließ die Dächer seines Palastes mit Schindeln decken, um das Rauschen des Regens besser zu genießen. Zu gleichem Zweck pflanzte man Bäume, Büsche und breitblättrige Pflanzen in der Nähe des Hauses an. Kein Schritt des Hochwilds im Dickicht, kein Aufklatschen eines Fisches im Spiegel des Gartenteichs sollte dem Besucher entgehen.

In einem dazu bestimmten Gartenteil wurde Sport getrieben: Bogenschießen, Falkenjagd, Reiten und kemari — eine Art Fußball. Was Wunder, daß es, wie man den Tagebüchern von Gärtnern entnehmen kann, auch zu deren Pflichten gehörte, die Föhren von dem beim Spiel aufgewirbelten Staub „reinzuwaschen".

177 Niedrig gestutzte Büsche symbolisieren Gartensteine

178 Verschiedene Formgebungen von Bäumen und Sträuchern, vorherrschend der hako-zukuri-„Schachtel"schnitt, Holzschnitt

179 Geformte Sträucher im Nijojo-Garten, Kyoto

180 Gestaltung der Büsche im Nijojo-Garten, Kyoto

182 Der Kegon-Wasserfall, Nikko, ein häufiges Motiv in der Anlage von Gartenkaskaden

181 Der Nachi-Wasserfall, unbekannter Maler, 13. Jh.? Seit Jahrhunderten von Gartenkünstlern bewundert und als Muster für Gartenkaskaden benutzt

183 Wasserfall im Garten, Szenerie in Tokaido, Vorlage

184 Teepavillon im Ritsurin-Garten, Takamatsu, einem der größten und schönsten japanischen Gärten

Je nach ihrer Anlage boten die Gärten auch zu anderen Unterhaltungen Gelegenheit. In der Stadt Edo wurden im Garten Shibarikyu Fische, im Garten Happoen Wildenten in Netzen auf langen Stangen gefangen; dieser Zeitvertreib ist noch heute in gewissen kaiserlichen Gärten üblich.

Was die kaiyu-Gärten mit der Vergangenheit der alten Heian-Gärten verbindet, ist eine leichte, unterhaltsame, dabei poetische Stimmung; ihr Inhalt aber hat viel an Tiefe und Mannigfaltigkeit gewonnen. Ihre Hauptvorzüge sind die planmäßige, organische Gliederung weitläufiger Räume sowie die anspruchsvolle Komposition, die bedingt ist durch das hohe Niveau des Gärtnerhandwerks. Zu Recht darf man hier bereits von Gartenarchitektur im modernen Wortsinn sprechen.

Diese Gärten sind heute für jedermann zugänglich und entsprechen in vielen Beziehungen unseren öffentlichen Parkanlagen.

Eine Sonderstellung unter den kaiyu-Gärten kommt dem Garten der Villa Katsura in Kyoto zu.[66] Er stand an der Wiege dieser Gattung und stellt zugleich deren Gipfelleistung dar. Das im Mittelalter entstandene Gartenwerk kann noch heute als Muster für eine nahezu ideale Umweltgestaltung gelten, es hat die Nöte und Wünsche unserer Gegenwart vorweggenommen. Da gibt es keine Trennung zwischen Architektur und Garten, eines geht fließend ins andere über und beide ergänzen sich gegenseitig. Sämtliche Traditionen der Vergangenheit haben hier neue, eindrucksvolle Gestalt gewonnen, aus dem Kessel von Formen, Farben und Strukturen ist alles innerlich Gehaltvolle herausdestilliert worden. Jeder Fremde, der aus einem anderen Kulturkreis nach Japan kommt, empfindet seinen Besuch als unvergeßliches Erlebnis und jede Einzelheit als Anleitung zu einer neuen Sicht aller Dinge. Wer Sinn und Bedeutung von Katsura begriffen hat, den erfüllt unverhoffte Freude und Befriedigung über all die Möglichkeiten, das eigene Leben zu bereichern, wenn er nur die Schönheit der einfachsten Dinge zu entdecken versteht. In diesem Sinne stellt Katsura einen Kulturschatz von Weltbedeutung dar.

Ähnlich wie viele andere Gärten wurde Katsura rikyu an einer Stelle gebaut, wo schon zur Heian-Zeit ein berühmter Garten lag; es ist eine anmutige, unweit eines Flusses gelegene und daher wasserreiche Gegend. Der Bau von Katsura begann auf Veranlassung des Prinzen Toshihito[67]. Der erste Teil der Villa, Alt-Shoin genannt und ursprünglich des Prinzen Stadtwohnung, wurde 1620—1624 nach Katsura verlegt. Dann setzte Toshihitos Sohn, Prinz Noritada, das Bauwerk fort und ließ in den Jahren

185 Teepavillon am See, Ritsurin-Garten, Takamatsu

186 Gartenstege, Myoshinji, Kyoto, Holzschnitt

187 Brücke, Ritsurin, Takamatsu

1642/47 zwei weitere Teile der Villa errichten, den Mittleren und Neuen Shoin; in jenen Jahren bereitete er sich auf den Besuch von Kaiser Gozuminoo vor, der ein großer Gartenfreund und -kenner war und besonders durch sein Projekt des Shugakuin-Gartens Berühmtheit erlangte.

Wer der wahre Schöpfer von Katsura war, blieb lange Zeit fraglich. Die Tradition schrieb dem berühmten Kobori Enshu den Hauptanteil zu. Jüngste Nachforschungen haben jedoch diese Annahme in Zweifel gezogen. Heute ist erwiesen, daß der Bauplan des Gartens von Prinz Toshihito stammt, einem gebildeten Aristokraten, dessen Lebensphilosophie im Garten reflektiert ist. Er lebte zu einer Zeit, da die Shogune von Tokugawa das Land beherrschten und der Kaiser samt seinem Hof zu einer stillen und ohnmächtigen Scheinexistenz in Kyoto verurteilt war; formell war diese Stadt auch weiterhin Hauptstadt des geeinten Landes geblieben, während die Stadt Edo zum Sitz der wahren Macht aufgestiegen war. Überlieferte Quellen belegen, daß Toshihito ein großer Freund der altjapanischen Literatur war und danach verlangte, die Traditionen des Kaiserhofs

188 Villa Katsura, Kyoto

von Heian wenigstens in seiner Sommervilla zu erneuern. Japanische Sachkenner sind der Ansicht, gewisse Teile des Gartens seien direkt von Szenen aus der Literatur und Dichtung der Heian-Zeit inspiriert worden. Seine innere Dynamik aber schöpft der Katsura-Garten aus der Begegnung verständnisvoll weitergeführter ältester Traditionen mit der bewundernswert klaren, kompromißlosen Freiheit des Ausdrucks, die Furuta Oribe und Kobori Enshu der japanischen Gartenkunst verliehen haben; diese kommt vor allem in der Art und Weise der Steinpflasterung des Ringwegs zur Geltung.

Der Garten Katsura erstreckt sich am Westufer des gleichnamigen Flusses über eine Fläche von 66 000 m^2 und ist rings umher von üppigem Grün umgeben. Man betritt ihn durch mehrere Gartentore. Da gibt es außer dem Eingangstor für den Alltagsgebrauch das Festtor Onorigomon, dahinter das Kaisertor und schließlich das Mitteltor. Zu diesem führt der berühmte, in seiner ganzen Breite kieselgepflasterte „Kaiser-Weg“ — miyukimichi. Auf diesem begab sich der Kaiser mit seinem Gefolge zur Villa. Die Sänften durften bis in den mit einem Hügel und einer Steinlampe ausgestatteten Mooshof getragen werden, von wo es bis zur Villa nicht mehr weit war.

Die Villa selbst ist ein schlichtes Gebäude, daß in nichts an ein Adelsschloß im europäischen Sinne des Wortes erinnert. Sie sieht wie die Verwirklichung des Projekts eines heutigen Architekten aus. Alle ihre Linien sind gerade, die Ausmessungen sind Multiplikationen der Längen- und Breitenmaße der Strohmatte tatami, wodurch das ganze Gebäude harmonisches Ebenmaß erhält. Den Hauptschmuck der Villa bildet der Kontrast zwischen dem dunklen Holz der Tragbalken und dem weißen Papier, mit dem die Schiebetüren beklebt sind. Ein paar Handbewegungen genügen, um die Innenräume der Villa von zwei Seiten her in den Garten zu öffnen. Die Rahmen der offenen Wände füllen sich mit Bildern von Gartenszenerien, eine löst die andere ab, wenn der Besucher ein neues Gemach betritt. Der Innenraum wird so buchstäblich eins mit dem Garten.

190 Blick auf den Shokintei-Pavillon, Katsura, Kyoto

◁ *189* Miniaturszenerie von Ama-no-hashidate, Katsura, Kyoto

191 „Gartenunterhaltungen“. Hishikawa Moronobu, Das Kemari-Ballspiel im Garten, Holzschnitt

Die schwebenden verandaähnlichen Vorbauten der niedrigen Shoine werden von Säulen gestützt. Dem Dachrand folgen am Boden die eleganten Linien der „amaochimizo", Regenwasserrinnen, die mit Kieselsteinen gefüllt sind: einer der typisch japanischen Einfälle, wie etwas nüchtern Praktisches ästhetisch wirken kann. An der Ostseite des Alten Shoin befindet sich eine breite, dem Mondsichelpavillon — gepparo — zugewandte Veranda. Laut schriftlicher Überlieferung gab der Vers des chinesischen Dichters Po Chü-i: „Die Mondsichel, eine Perle, gefallen ins Herz des Menschen" dem Prinzen diese Benennung ein. Toshihito, überwältigt vom Zauber der Mondnacht, ließ neben dem Alten Shoin das Bambusplateau Tsukimidai errichten, um von dort die Aussicht in den Garten zu genießen und sich der Betrachtung des Mondes hinzugeben.

Die Villa spiegelt sich im See, auf dem man Bootsfahrten machen und vor einem der im ganzen Garten sinnreich verstreuten Pavillons an Land gehen kann. Gegenüber dem Alten Shoin erhebt sich das berühmteste Wunderwerk des Gartens aus dem See — die Himmelsbrücke, ein Abbild der bekannten, von

192 Steinerner Steg mit Geländer. Steingeländer sind eine Seltenheit

193 Fußweg und Trommelbrücke, Onrindo, Katsura, Kyoto

uraltem Zauber umwobenen japanischen Landschaftsszene.

Hinter der Himmelsbrücke, am Seeufer und gegenüber der Villa, steht der „Föhren- und Lauten"pavillon Shokintei. Er strahlt einen so unbeschreiblichen Liebreiz aus, daß er als „Augapfel" des ganzen Gartens gilt. Es ist ein schlichter strohgedeckter Bau; zu ihm führt vom Shoin ein schmaler Weg entlang dem See über eine Brücke aus einem Steinmonolithen, die auffallend mit dieser romantisch gestimmten Gartengegend kontrastiert. An der Brücke ist unweit des Pavillons die nagare no chozu — „Stätte des Badens im Wasserstrom": die tobiishi führen direkt zu der Stelle, wo sich der Bach in den See ergießt und einen natürlichen Wassertümpel bildet. Er ersetzt hier das übliche Wasserbecken beim Teehaus.

Vom Pavillon Shokintei führt ein Steg

194 Brücke und See, Katsura, Kyoto

195 Der Gepparo-Pavillon. Die Schiebewände shoji ermöglichen ein Ineinanderfließen von Innenraum und Garten, Katsura, Kyoto

196 Kabuki-Theaterszene. Sehr oft spielt die Handlung vor oder in einer Gartenlandschaft

auf die Insel, deren höchsten Punkt der Shokatei krönt, der „Pavillon der Freude an Blüten". Seine Einfachheit wird durch die mächtigen, von grünen Moospolstern umsäumten Felsstücke hervorgehoben, die über den Hang vor ihm verstreut sind. Auf derselben Insel erhebt sich eine der späteren Katsura-Bauten, das kleine ziegelgedeckte Heiligtum Onrindo. Von dort führt eine Brücke auf die kleine Wiese vor dem Neuen Shoin.

Etwas abseits im Südwestteil des Gartens steht an einer tiefen Einbuchtung des Sees das rustikale Teehaus Shoiken — „Haus des Lächelns".

Der Katsura-Komplex ist ein ungewöhnliches Meisterwerk. Auf den ersten Blick mag er allzu unauffällig erscheinen. Volles Verständnis für ihn wird nur der aufbringen, der das Wesen des japanischen Geschmacks begriffen hat, einen ästhetischen Wert, den der japanische Begriff shibui ausdrückt; er bedeutet stille Anmut und Würde mit einem Beigeschmack von leichter Bitterkeit, die die Sinne anregt zum Suchen und Begreifen der Schönheit in allem, was zur Natur und zum menschlichen Leben gehört. In

197 Einswerden von Teehaus und Garten, Katsura, Kyoto

198 Ein Tor des unteren Shugakuin-Gartens, Kyoto

199 Die gedeckte Chitose-Brücke, Shugakuin, Kyoto

diesem Sinne hat Katsura die japanische Bau- und Gartenkunst dauerhaft beeinflußt.

Nach der Mitte des 17. Jh., ungefähr zur Zeit, da der Katsura-Bau seinem Ende entgegenging, begannen die Arbeiten an einem weiteren berühmten japanischen Garten, dem Shugakuin oder „Garten der Gelehrsamkeit“.[68] Er erstreckt sich im Nordosten Kyotos am Fuße des Berges Hiei in einer Gegend, wohin sich seit dem 10. Jahrhundert die Kaiser begaben, wenn sie Trost und Erleichterung von drückenden Sorgen in schöner ruhiger Gegend suchten. Nach schriftlicher Überlieferung begann Exkaiser Gomizunoo i. J. 1655 mit dem Bau; damals war er 61 Jahre alt und leitete die Bauarbeiten persönlich.

Schon die entzückende Lage des Shu-

200 Blick auf den oberen Shugakuin-Garten, Kyoto

201 Teehäuser sind zumeist sehr schlicht. Der Riuntei-Pavillon, Shugakuin Kyoto

202 Komposition mit drei Laternen. Die mittlere, die sog. Ärmellampe sodegata ist besonders berühmt, Holzschnitt

gakuin muß jeden Besucher begeistern. Eigentlich sind es drei verschieden hoch gelegene Gärten, was die Wirkung ungemein verstärkt. Der Weg steigt bis zur höchsten Terrasse an. Der obere Garten war zum Lustwandeln bestimmt, die beiden tiefer gelegenen dienten vor allem als Teehausgärten. Ganz oben erhebt sich der „Wolkenberührende Pavillon", Riuntei, von dem man eine herrliche Aussicht über den See und die Berge der Umgebung genießt. Den Übergang vom Garten zum Gebirge bilden Gürtel von so geschickt hingesetzten und gepflegten Bäumen, daß man den Eindruck gewinnt, sie seien da ohne Berührung von Menschenhand, ganz von selbst gewachsen.

203 Komposition von traditionellen Formen und Farben in moderner Parkanlage

204 Moderne städtische Parkanlage mit Benutzung traditioneller Gartenbauelemente, Kukura

Der Shugakuin-Garten ist berühmt durch die langgezogenen Bänder von Sträuchern, die wie Meereswellen geformt sind. Überall herrschen runde und ovale Linien vor, weiche und schmiegsame Wege, sanft sich schlängelnde Gartenpfade. Die alten Traditionen der japanischen Gartenkunst sind hier wieder zum Leben erwacht. Der Garten der Gelehrsamkeit ist ein typischer Ringgarten aus der beginnenden Edo-Zeit und gehört zu den Kunstschätzen Japans.

Die heute an vielen Orten des ganzen Landes entstehenden städtischen Grünanlagen, Kur- und Hotelparks knüpfen an die besten Traditionen der Kaiyu-Kunst an, wie sie in den Gärten Katsura und Shugakuin verkörpert sind.

205 Inneres Gartentor mit Bambuszaun

206 Gartenkomposition: Die großen Felsblöcke bilden mit dem Dach des alten Bauernhauses im Hintergrund ein harmonisches Ganzes ▷

Die Kamelienblüte
verweht
in den dämmernd dunklen Brunnen
ein Seufzer

Buson

Garten und Haus

Im Verlauf der langen Entwicklung der japanischen Gartenkunst sind in allen ihren Gattungen Meisterwerke entstanden, die zu den größten Kulturschätzen des Landes gehören. Sie zeugen vom auserlesenen Geschmack und Raumgefühl der Japaner, ihrer Sicherheit im Auffinden unerwarteter Kombinationen von Formen, Farben und Strukturen.

Am höchsten zu schätzen ist dabei der Umstand, daß dieses Talent nicht auf einen kleinen Kreis gebildeter Kenner und Ästheten, die Kunst in Leben und Leben in Kunst umwandeln, beschränkt geblieben ist, sondern alle Schichten des Volkes durchdringt. Das äußert sich besonders deutlich in der meistverbreiteten Gartenkunstgattung, dem Residenz- (Haus-) Garten, auch unter den Wechsel-

207 Gartenarbeitstechniken. Zur Beförderung von Felsblöcken wurde die Seilwinde kagura benutzt, Holzschnitt

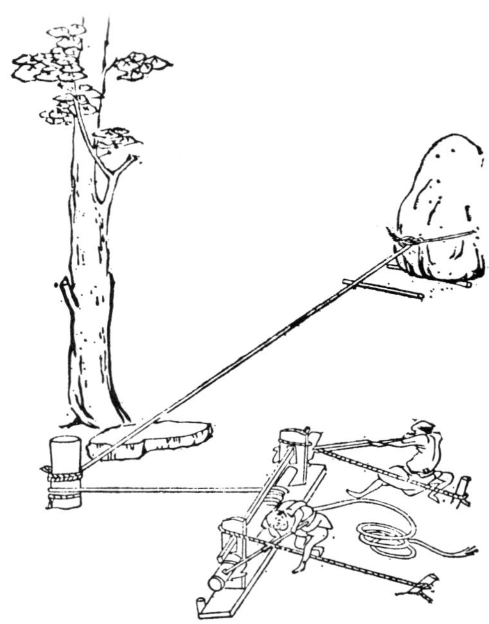

fällen der Gegenwart als Bestandteil des Wohnhauses an der hohen Stufe der japanischen Wohnkultur wesentlich mitbeteiligt ist.

Für den Japaner ist sein Haus eine echte Heimstätte, wo er Ruhe und Erholung findet, wohin er sich zurückzieht, um sich vom Druck der gesellschaftlichen Konventionen zu befreien, die für ihn im öffentlichen, vor allem im Berufsleben verbindlich sind. Auch heute noch kehren viele Japaner zum traditionellen Lebensstil zurück, sobald sich das Haustor hinter ihnen geschlossen hat: Sie legen die bequeme und dabei elegante Yukata[69] an, erholen sich sitzend bei einer Tasse grünen Tees, genießen ihr heißes Bad, den Blick in den Garten, den Glanz der untergehenden Sonne oder eine späte Chrysanthemenblüte. Ihrem generationenlang gepflegten Sinn für Augenblicke der Freude an einfachen Dingen hat auch der betriebsame moderne Lebensstil nichts anhaben können. Haus und Garten stellen einen der wenigen Orte dar, wo man sich völlig entspannt und seinen privaten Liebhabereien ungestört nachgehen kann.

Aus diesem Grund ist Japan bis heute das Land der schönsten Gärten geblieben. Sie sind überall zu finden, in den

208 Gartenanlage in der Nähe des Tors

209 Teilung des Gartens in einen äußeren und inneren, Muster für die Anlage von Gärten. Holzschnitt

übervölkerten Städten ebenso wie in weltabgeschiedenen malerischen Dörfern. Die immer wieder geweckte Bewunderung des Besuchers ist von dem Wunsch begleitet, diese geschmack- und phantasievolle Kunst möge niemals verblühen.

Das in den meisten Gegenden Japans herrschende warme Klima hat ebenso wie die Gefahr häufiger Erdbeben der japanischen Baukunst die charakteristische

210 Komposition: Haus mit steinförmig gestutzten Büschen

211 Der „Teerutenzaun“. Bezeichnung nach der Form der zum Zerstäuben der Teeblätter benutzten Rute

schwebende Leichtigkeit gegeben. Der Hausbau richtet sich nach den traditionellen Regeln und festgelegten Ausmessungen, die zugleich eine niemals stereotype Asymmetrie gestatten; diese äußert sich vornehmlich in der Gestaltung der höheren und niedrigeren Dächer, die in vielen Varianten aneinandergefügt sind.

Der Innenraum ist nichts anderes als eine leere, elegante Räumlichkeit von ausgewogenen Proportionen. Das Gelb der Strohmatten auf dem Fußboden mischt sich mit dem Braun der Säulen, Balken und Decken. Der auffallendste Schmuck ist die Nische tokonoma mit Bildrolle und Blumenarrangement, das wiederum ein wichtiges Verbindungsglied zwischen Innenraum und Garten bildet.[70]

Das niedrige Tischchen und die ringsum auf den Strohmatten verstreuten Kissen sind die einzigen „Möbel“, es fehlen die hier als schwerfällig empfundenen europäischen Tische, Stühle und Schränke. Alle notwendigen Gebrauchsgegenstände sind in Wandschränken oder sinnreich gebauten Lager- und Vorratskammern untergebracht. Der Innenraum läßt sich durch Schiebetüren in größere oder kleinere Einheiten teilen, so daß sich das Eßzimmer leicht in den Schlaf-

212 Kleiner Garten mit Wasserbecken, Laterne und Ärmelzaun, Holzschnitt

bzw. Studierraum verwandelt. Da man sich auf den Strohmatten — tatami — nur in Socken bewegt, kann der Raum verhältnismäßig leicht peinlich sauber gehalten werden. Vom Gesichtspunkt des Individualanspruchs auf ein Privatleben im Rahmen der Familie hat das Haus allerdings seine Schattenseiten; in allen Einzelheiten entsprach es jedoch altjapanischen Sitten und patriarchalischem Lebensstil.

Was das Wohnhaus zur wahren Heimstätte macht, ist der Garten. Das beweist der japanische, aus dem Chinesischen übernommene Ausdruck für „Haushalt" — katei, chinesisch chia-t'ing, der zusammengesetzt ist aus den Zeichen für Haus (Familie) und Garten. Haus und Garten sind durch Schiebewände getrennt, die mit weißem Papier beklebt sind.

Es ist vordringliches Anliegen der Japaner, die Verknüpfung von Haus und Garten möglichst eng zu gestalten, eng nicht im physischen Sinn — dazu sind ideale Voraussetzungen in ihrer Baukunst gegeben —, sondern im ästhetischen. Wichtiger als jede andere Gartennutzung ist für sie das Gefühl, von einem beschränkten Raum umgeben zu sein, der dem Auge wohltut und Ruhe ausstrahlt.

Um dieses Gefühl der Intimität zu erhöhen, wird der Garten von der Außenwelt streng abgegrenzt. Alte Gärten sind in der Regel ummauert. Heute zieht man Gartenzäune vor. Sie haben in der japanischen Gartenkunst ihre alte Tradition, sind aus natürlichen Stoffen, zumeist aus Holz oder Bambus, gefertigt. Ihr Zweck ist nicht so sehr, einen gewaltsamen Einbruch in den Garten zu verhindern, als vielmehr dessen Ausgliederung aus der Umwelt. Äußerst interessant sind die Bambuszäune; sie werden auch mit Hekken kombiniert oder dienen als Hintergrund für die rings um den Garten stehenden Zierbäume. Die Bambuszäune sind entweder nach der Herstellungsmethode, nach dem Entstehungsort oder nach dem Ort ihrer stärksten Verbrei-

213 Ein Meister in der oft schöpferischen Herstellung von inneren und äußeren Gartentoren und -zäunen

214 Gartenpforten bestehen in der Regel aus Bambus, Rutenwerk, Holzspänen, Bast und Brettern

215 Ein „undurchsichtiger" Zaun aus Ruten und mit imprägnierten Stricken zusammengebundenen Bambusrohren

216 Bogenförmige, mit Stricken gebundene Bambuszäune wurden im 17. Jh. von dem Maler, Keramiker und Gartenkünstler Hon'ami Koetsu entworfen

tung verschiedentlich benannt. Die Bambusrohre werden mit Stricken zusammengebunden und diese so kunstreich verknotet, daß die Knoten an sich eine Augenweide sind für jeden, der Sinn fürs Detail hat. Der bekannteste ist der „Knoten der zwanzig Schlingen" oder „Rikyu-Knoten". Die Bambuszäune sind das Produkt von handwerklichem Können, Erfindungsgeist und der traditionellen Liebe zu Naturstoffen. Die leichte Eintönigkeit der kompakten Zäune und Gartenmauern beleben die grünen Zweige der Gartenbäume, die sich über dem Zaun wiegen.

Bei der Gestaltung des „Eintritts"- oder Vorgartens hinter dem Gartentor wird der Umstand berücksichtigt, daß sich dort der meiste Verkehr mit dem Haus abspielt. Traditionelle japanische Häuser haben noch einen zur Küche führenden Nebeneingang für die Dienerschaft, Händler, Lieferanten und Handwerker. Auch wenn dieser Vorgarten nicht geräumig ist, achtet man darauf, die Wirkung von Enge zu vermeiden. Dabei kommt man auf das althergebrachte Wissen der japanischen Gärtner zurück, daß ein geschlängelter Fußweg oder ein gekrümmter, geknickter Pfad größere Tiefe vortäuscht, besonders wenn unregelmäßige flache Steine für die Pflasterung verwendet werden. Gleiche Wirkung erzielt niedriges Gebüsch am Zaun oder ein Zierbaum am Weg, dessen Äste einen Teil des Hauseingangs beschatten.

Auch Farbkontraste werden zur Gestaltung des Vorgartens zwischen Gartentor und Hauseingang herangezogen. Ein hellgetöntes Gartentor und eine dunkel gehaltene Haustür gelten als geeignete Kombination. Zuweilen schmückt ein Büschel Gräser am Gartenweg und ein eigenartig geformter Stein neben dem Eingang diesen Gartenteil. Dabei muß noch hinreichend leerer Raum bleiben, um jede Gedrücktheit zu vermeiden. Das Klappern der Holzsandalen auf dem Steinpflaster war einst das untrügliche Zeichen für die Heimkehr eines Familienmitglieds oder eines zu erwartenden

217 Eine Bautechnik von Gartenmauern — Hohlziegel mit Mörtel

218 Der ummauerte Garten — eine häufige Form der Abschließung gegen die Außenwelt, Holzschnitt

219 Uferbefestigung des Gartenbachs mit geformten Büschen und Felsbrocken

220 Garten mit künstlichen Hügeln im so-Stil, Holzschnitt

Gastes, dem man ein freundliches Willkommen bereiten wollte.

Wichtiges Verbindungsglied von Haus und Garten ist die gedeckte Veranda. Sie wird bei ungünstiger Witterung mittels Holzschiebeläden geschlossen, die gleichzeitig das Haus gegen Wind und Regen schützen. Da man innen auf Kissen am mattenbelegten Boden sitzt, kann man den Garten aus nur mäßig erhöhter Lage betrachten.

Das hohe Niveau der Residenzgärten ist darauf zurückzuführen, daß ihre Anlage sich nach Kunst- und Handwerksregeln richtet, die die Ergebnisse der Erfahrungen vieler Generationen zusammenfassen, nichts dem Zufall überlassen und trotzdem der individuellen Schaffenslust genügend Spielraum geben. So ist in allen Residenzgärten ein Nachhall der besten Werke der japanischen Gartenkunst zu spüren.

Der Residenzgarten ist entweder als hiraniwa — „flacher Garten" oder als

221 Gestaltung des Wasserlaufs. Vorhandensein von Wasser in jeder Form beeinflußt die Gartenkomposition

tsukiyama — „Garten mit künstlichen Hügeln“ angelegt. Die Grundlage beider Typen bilden Steine, Grünflächen, Bäume und das Element Wasser in verschiedenen Formen, zumeist in Gestalt von kleinen Bächen, Seen und Wasserfällen. Vervollständigt wird die Gartenlandschaft durch Brücken, Laternen, Wasserbecken, Miniaturpagoden und Innenzäune. Ist in so einem ebenen bzw. hügeligen Garten Wasser nur symbolisch vertreten, spricht man auch hier von einer trockenen Landschaft — karesansui.

Jeder Garten kann in einem der drei Stilarten shin, gyo und so angelegt werden, d. h. im formellen, halbformellen und nichtformellen Stil. Diese Ausdrücke stammen aus der Kalligraphie, in der ein Zeichen im shin-Stil (shin heißt wörtlich wahr, richtig) seiner klassischen Originalvorlage ganz genau entspricht, während ein im gyo-Stil geschriebenes Zeichen (gyo = Reihe, Linie, aber auch Aktivität) sich durch kühne Pinselstriche auszeichnet und lebendiger wirkt als die etwas starre Ernsthaftigkeit des shin-Stils. Der dritte, der sog. so-Stil hat seinen Namen von dem Zeichen für Gras und wird in Übersetzungen auch „Grasstil“ genannt; er ist eine Kurzschrift-Ausführung des betreffenden Zeichens, die Anzahl seiner Pinselstriche ist geringer, und eine solche Handschrift läßt tatsächlich an im Winde wehende Grashalme denken. Er wird als Ausdruck der Individualität des Schreibers angesehen und wegen seiner bildnerischen Schönheit geschätzt.

222 Die Gartenkaskade fesselt das Auge und wirkt mit ihrem sanften Rauschen beruhigend auf das Ohr

223 Garten beim ryokan, dem traditionellen Gasthaus

224 Komposition von Gartenpavillon und See

225 Wasserzuleitung durch Bambusrohr. Am Abend spiegelt sich das Licht der Laternen im fließenden Wasser

226 Vorlage für ein Wasserbecken mit Bambusrohrleitung, Holzschnitt

227 Gedecktes Wasserbecken

Nur wer den shin-Stil beherrscht, darf eine gyo-Improvisation wagen. Das Schreiben im so-Stil gilt bereits als Vollendung — der Pinsel bewegt sich dabei ohne Hemmungen, völlig gelöst übers Papier.[71] Diese drei bildeten im übertragenen Sinn auch die drei Grundstufen der Ausbildung sämtlicher japanischer Kunstfertigkeiten, von der Beherrschung der Handwerkstechnik angefangen bis zu künstlerischem Schaffen.

Anleitungen mit Illustrationen dieser drei Stilarten kann man bereits in mittelalterlichen Gartenbüchern finden.[72] Sie enthalten jenes A und O der Gärtnerterminologie, der Arbeitsverfahren und Kunstprinzipien, das im Unterbewußtsein jedes Durchschnittsjapaners tiefe Wurzeln gefaßt hat. Daher darf sich auch ein kleiner Residenzgarten ein hohes Ziel stecken.

Alle Bauelemente des japanischen Hausgartens müssen untereinander in harmonischer Beziehung stehen. Seine graphische Darstellung ist das ungleichseitige Dreieck, das von modernen Forschern als „ästhetisches Dreieck" bezeichnet wird. Seine drei Hauptpunkte, ten — chi — jin, symbolisieren den Himmel, die Erde und den Menschen. Das bedeutet in der Gartenkunst die durchgängige Verbindung von drei verschiedenen Elementen zu einem Ganzen, und zwar sowohl in der Horizontalen als auch in der Vertikalen. Und das wiederum betrifft sowohl die einzelnen Gartenteile als auch die Gesamtkomposition.

228 Brunnen und Brunnendach im Garten symbolisieren die Gegenwart von Wasser, auch wenn der Brunnen leer ist

229 Der Seilwindenaufzug zeigt oft das Vorhandensein von Wasser im Garten an, Holzschnitt

Nach diesem Schema werden Bäume und Sträucher gepflanzt, künstliche Hügel errichtet, Seen angelegt und Gartenlaternen oder Steine aufgestellt.

Die Anordnung der einzelnen Bauelemente zur Dreiecksform wird nach dem alten Grundsatz „katte" stets von links nach rechts vorgenommen. Man beginnt mit dem wichtigsten Element. Das katte-Prinzip beherrscht seit Jahrhunderten die japanische bildende Kunst, insbesondere die Malerei und Kalligraphie.

Das „ästhetische Dreieck" ist ein wichtiger Wegweiser zur Erreichung jener ausgewogenen Asymmetrie, die den japanischen Gärten ihren Rhythmus und unnachahmlichen Schein der Natürlichkeit verleiht, obgleich sie doch im wesentlichen überaus künstliche Werke sind. Ein Ding, das im Garten eine wichtigere Aufgabe hat als alle übrigen, nennt der Japaner yakumono — das mag ein Baum sein, ein Stein, Wasserfall oder Wegabschnitt. Etwa auch ein einziger Zweig, der den Blick auf das Haus oder den Wasserfall teilweise verdeckt und bei der notwendigen Tiefenwirkung eine besondere Rolle spielt.

Bei dieser Methode, bei der es auf jedes Detail ankommt, da es von entschei-

230 Garteneingang, Steinlaterne mit Bäumen und Büschen

231 Komposition von Moosen und geformten Büschen im flachen Garten

232 Gartenanlage mit Föhre, Bambus und Pflaumenbaum, Holzschnitt

233 Die Gruppierung der Steine an der Gartenmauer nutzt den Hintergrund aus, die sog. „geborgte Landschaft" — die Baumgruppen hinter der Mauer

dender Bedeutung ist, wie der Baum gekrümmt, das Geäst gestutzt oder der Stein hingelegt ist, bleibt immer noch genug Spielraum für Variationen des Grundschemas. Nie sieht ein japanischer Garten wie ein anderer aus, und jeder zeigt etwas Ungewöhnliches.

In kleinen Residenzgärten kann sich die traditionelle japanische Kunst der rationalen Raumnutzung besonders gut bewähren. Immer gehört dazu auch eine Dosis schöpferischen Wagemutes sowie das Wissen, daß kein Plätzchen zu klein ist, um nicht in einen Garten verwandelt werden zu können.

Bezaubernde Gärtchen voll überraschender Einfälle kann man in schmalen Hauseingängen und Innenhöfen finden. In mannigfaltig gegliederten Bauten, wie z. B. den traditionellen japanischen Gasthäusern — ryokan — hat jeder einzelne Raum oft seinen eigenen Garten, der den

234 Einswerden von Innenraum und Garten

235 Flacher Garten im shin-Stil, Holzschnitt

236 Die teilweise von der Föhre verdeckte Steinlaterne wirft ihr Licht auf die Wasserfläche

237 „Drachenlaterne“ auf hohem Sockel — Vorlage zur Abdeckung einer Laterne durch einen Nadelbaum, Holzschnitt

Gast in eine Atmosphäre intimer Weltabgeschiedenheit hüllt.

Selbst der japanische Baderaum hat zuweilen seinen Gartenwinkel dicht an dem großen Fenster. Denn das Baden in heißem Wasser empfindet der Japaner als eine der höchsten irdischen Wonnen; lange verweilt er in seiner tiefen Wanne, und da erhöht die Betrachtung des Gärtchens den Genuß der Stunde.

Auch der an die Wohnräume angrenzende Garten ist mehr als für Spaziergänge für die Betrachtung vom Wohnraum oder der Veranda aus berechnet. Das beeinflußt natürlich seine Komposition. Sehr viele gärtnerische Verfahren sind darauf gerichtet, auf kleiner Fläche Tiefenwirkung zu erzielen. Selbst ein winziger Garten macht den Eindruck, als ende er nicht hinter der letzten Nadelbaumgruppe, die eigentlich den Zaun verdeckt, sondern als führe er noch weiter. Der Gartenpfad ist so angelegt, daß sein letzter Abschnitt eine Krümmung bildet und in tiefes Dickicht oder einen stillen Waldwinkel zu führen scheint, auch wenn er nur ein paar Schritt von der lauten Gasse entfernt ist.

Der Eindruck größerer Entfernung wird auch dadurch erreicht, daß man in der Nähe des Hauses keine dichtbelaubten Bäume pflanzt, sondern nur solche mit schütterem, im Herbst pastellfarbenem Laub; blickt man dann über sie hinweg auf die hinten stehenden dichtbelaubten Bäume, so erscheinen die Ausmaße des Gartens vergrößert.

Der japanische Garten kann in seiner ganzen Schönheit niemals auf den ersten Blick erkannt werden; bei jedem Schritt und bei jeder Änderung des Blickwinkels scheint sich vor dem Besucher eine neue Welt beschaulicher Ruhe aufzutun. Japanischer Anschauung zufolge kann der menschliche Sinn ohne die Phantasie weder unmittelbaren Kontakt mit der Natur aufnehmen noch jene unwiederholbaren Augenblicke plötzlicher Eingebung, tiefer Erfülltheit und innerer Ruhe erleben.

In alten Zeiten fuhren Wagen mit Ochsengespannen auf den Straßen des Landes und schafften verschiedenste Steine an ihre Dutzende, ja Hunderte von Kilometern entfernten Bestimmungsorte. Der Begleiter der Fuhre mußte darauf achten, daß jeder Stein seinen ursprünglichen Charakter bewahrte. So konnte es vorkommen, daß er wochenlang während der ganzen Reise eine wie durch ein Wunder in der Steinritze sprießende Blume sorgsam behütete oder einen grünen Moosflecken, eine hellgraue Flechte vor Beschädigung schützte.

Bis zum heutigen Tage sind Gartensteine in Japan Handelsware. Die Auswahl ist groß und reicht von mächtigen Felsblöcken bis zu winzigen Kieselsteinen.

In Gegenden, die wegen ihrer schönen Steine berühmt sind, werden sie in Verkaufsbuden längs der Straßen und Wege vom Landvolk feilgeboten.

Häufig wird ein Gartenstein zum lebenslangen Freudenquell seines Besitzers: er wird ihn täglich betrachten und seine Wandlungen im Sonnenschein, Regen und Schnee verfolgen. So kommen die Geschicke von Mensch und Stein einander näher. Denn den japanischen Gärtnern ist es gelungen, den Steinen Leben einzuhauchen, ihre altehrwürdige stille Geduld zu erfassen, mit der sie die Peitschenhiebe von Stürmen und Meeresfluten ertragen.

Im Garten werden Steine beim Wegebau, bei der Anlage von Seeufern und Wasserrinnen sowie bei symbolischen Kompositionen verwendet. Mit bewundernswertem Geschick benutzen sie die japanischen Gärtner beim Bau künstlicher Wasserläufe, Seen und Wasserfälle, ganz besonders aber in den trockenen Gartenlandschaften, den karesansui, in denen Wasser nur symbolisch angedeutet ist und Steine, Schotter und Sand die vollkommene Illusion jenes Elementes schaffen. Diese Arbeitsweise kommt in den Residenzgärten vor allem dort zur Geltung, wo es um die wirksamste Nutzung kleiner Flächen geht, d. h. bei Dachgärten und Neubauterrassen.

Traditionsmäßig werden die Steine in fünf bzw. neun Arten je nach Form, Höhe und Neigung eingeteilt. Es ist strenge Regel, die Kombination von gleich großen Steinen zu vermeiden. Für jeden Garten eignen sich natürlich geformte Steine am besten, nur ganz bestimmte Gärten vertragen auffallend bizarre Formen. Ein solch außergewöhnlicher Stein muß dann im Garten allein stehen, weil zwei oder drei nicht wirken würden. Das herkömmliche Mißfallen

238 Traditionelles und Europäisches in einem Garten in Nagasaki

239 Seerosen im Gartenteich

240 Garten mit künstlichen Hügeln im shin-Stil, Holzschnitt

241 Ineinandergreifen von Haus und See

242 Lackgefäß mit Deckel und Wasserblumenmotiv

der Japaner an allzu spitzen Steinen erklärt sich durch die Ansicht, sie ließen sich schlecht mit den übrigen Bestandteilen des Gartens kombinieren. Für unpassend hält man das übermäßige Anhäufen von Steinen in einem Garten. Auch dabei muß Maß gehalten und Enthaltsamkeit geübt werden.

In der Regel sollen die Steine so aufgestellt werden, daß sie die Vorderseite zeigen, daß ihre besten Eigenschaften hervortreten. Doch wissen die Japaner, daß eine allzu häufige Anwendung dieses Grundsatzes zu Eintönigkeit führt, und zögern nicht, gelegentlich die Vorderseite des Steines zu verdecken und seine Rückseite zu zeigen.

Die Steine werden zum Teil in die Erde eingegraben, um den Eindruck größerer Standfestigkeit und des Am-richtigen-Platz-stehens zu erwecken. Soll ein Stein mächtiger wirken, als er wirklich ist, wird er tiefer eingegraben, denn dann

243 Anspruchsvolle Gestaltung des Eingangs in ein modernes Wohnhaus mit Benutzung von Steinen

sieht es so aus, als läge er dort seit eh und je. Die gleiche Wirkung kann man erreichen, wenn man ein niedriges Bäumchen neben den Stein setzt. Sträucher, Farnkräuter und Gräser unterstreichen die Schönheit des Steines. Zuweilen bilden Steine aber auch den bloßen Hintergrund für alle anderen Bauelemente des Gartens; das sind die „aufgeopferten" Steine, denn sie „haben zugunsten anderer ihre Persönlichkeit aufgegeben".

An jedem Stein bewundern die Japaner neben der Gestalt auch die Oberflächenstruktur und Färbung. Sie suchen diejenigen aus, die vom steten Anprall strömenden Wassers zerfurcht oder von Meereswellen geglättet sind; immer aber sollen sie Alter, Erfahrung, Ernst, Tapferkeit oder eine andere Tugend ausdrücken. Beliebt sind verschiedene Schattierungen von Grau, vor allem altersgraue Steine, deren zarte weiße, rosige oder bläuliche Äderung durchschimmert. Diese Skulpturen der Natur sind der dauerhafteste Bestandteil eines Gartens; alles andere kann von einer Sturmflut, einem Taifun oder Erdbeben vernichtet werden — nur der Stein überlebt. Gartensteine gelten auch als wertvolle Geschenke an liebe Freunde.

244 Flacher Garten im so-Stil, Holzschnitt

245 Modernes Wohnhaus, Gartengestaltung, Kyoto

246 Garten an einem Vorstadthaus

Ihre besondere Freude finden die Japaner an wasserumspülten Steinen. An frühen Sommermorgen oder in der Abenddämmerung pflegen sie gewisse Gartensteine zu bespülen, um die morgenfrische, die ruhevolle Stimmung des Gartens zu vertiefen.

Wasser gehört unbedingt zum Residenz- oder Hausgarten. Seen, Kaskaden, Bäche oder nur etwas Wasser im steinernen Becken weisen auf die Bedeutung des Wassers in der Natur, seiner Wandlungen im Verlauf der Jahreszeiten hin und erinnern den Menschen an den ewigen Kreislauf des Naturgeschehens. Die japanischen Gärtner wissen alle Eigenschaften des Wassers zu nutzen — so vertieft das Murmeln des Bachs die Stille des Gartens. Sie bewundern seine Macht, das Blau des Himmels, das Grün der Bäume und Büsche oder die Anmut der Gartenlampe widerzuspiegeln, und lieben den Glanz des silbernen Mondlichts im Wasser.

Seen und Wasserläufe sollen möglichst natürlich aussehen. Die kleinen Gartenseen sind zumeist unregelmäßig geformt, bei der Ausgestaltung ihrer Ufer können verschiedene herkömmliche Arbeitsverfahren angewendet werden. Von Seeufersteinen werden naturgegebene Gruppen gebildet, niemals in einer ausgeglichenen Reihe. Riedgräser, Einbuchtungen und dunkle Tümpel vervollständigen die Szenerie. Gewöhnlich ergießt sich ein Bächlein in den See; es darf nicht tief sein, damit sein kieselbelegter Grund zu sehen ist.

Der Wasserfall bringt ein leises Echo lauten Lebens in den Garten. Grundsätz-

247 Farngewächse, beliebt in traditionellen japanischen Gärten

248 Schutz des Stammes eines umgepflanzten Baumes

249 Japanischer Gärtner beim Abstützen von Baumästen

250 Formgebung und Stützen der Äste mit Hilfe von Baumbusstangen

251 Flacher Garten im gyo-Stil, Holzschnitt

252 Gestutzte Bäume und Büsche, hako-zukuri-Schnitt

lich darf er nicht unbedeckt und ganz zur Schau gestellt werden. So kann z. B. der obere Teil von einem Nadelbaumzweig beschattet sein, der mittlere hinter einem Strauch hervorschimmern und die Aufprallstelle des Wassers von Schilfrohr umwachsen sein. Die optische Täuschung, die auf diese Weise entsteht, läßt den Wasserfall länger und mächtiger erscheinen. Alte und neuere Gartenbücher bringen Abbildungen von zehn Kaskaden-Varianten, unter denen die jeweils geeignete ausgewählt werden kann.

Ähnlich wie in den Teegärten verwendet man auch in kleinen Hausgärten ein einfaches, aber effektvolles Mittel der richtigen Einverleibung des Wassers in die Gartenlandschaft; über eine Bambusrinne bzw. ein Bambusrohr, kakehi genannt, wird das Wasser in das Steinbekken chozubachi geleitet, das im Unterschied zu den Teegärten, wo es unerläßlicher Zubehör der Teezeremonie ist, hier in der Regel nur dekorative Funktion hat. Wasserbecken sind in den Gärten beliebt, da sie der Gartenkomposition stärkeren Ausdruck verleihen. Auch hier fehlt die langstielige Schöpfkelle nicht.

Die Wahl des geeigneten Wasserbekkens ist eine wichtige Angelegenheit. Unter den verschiedensten Formen und Größen kann der Japaner das chozuba-

253 Komposition von Bäumen, Sträuchern und Felsbrocken in enger Verbindung mit dem Wohnhaus

254 Gartenkomposition mit Bambus

chi aussuchen, das seinem Geschmack, seiner Vorstellung am besten entspricht. Manchmal genügen ein bescheidenes Wasserbecken, ein paar Steine und der Zaun im Hintergrund, um einen beschaulichen Gartenwinkel zu schaffen.

Ein weiterer Gartenzubehör ist die steinerne Laterne, ursprünglich auch ein Bestandteil des Teegartens, wo sie in den Abendstunden ihr gedämpftes Licht über den Gartenweg ergoß. In den Residenzgärten spielt sie meist nur noch eine dekorative Rolle. Sie soll mehr abseits, an einem schattigen Platz stehen, und ihren Hintergrund sollen Bäume und Büsche abgeben, die ihren altertümlichen Charakter betonen. Zuweilen wird der Baum auch vor die Laterne gesetzt, um sie teilweise zu beschatten und das Plätzchen anziehender zu machen.

An Pflanzen darf in japanischen Residenzgärten alles gezüchtet werden, was auf geeignete Weise deren Anmut, deren

255 Das Azaleenfest, Nezu, Tokio

natürlichen landschaftlichen Reiz erhöht.

Es ist japanische Tradition, daß das Gärtnergewerbe vom Vater auf den Sohn vererbt wird und Erfahrungen von Generation zu Generation weitergegeben werden. Die Gärtner beherrschen die herkömmlichen Arbeitsmethoden ebenso gut wie die neuzeitlichen und halten an der Überlieferung handwerklicher Meisterschaft fest. Sie verstehen es, Bäume so heranzuziehen, daß sie noch in späteren Jahren verpflanzt werden können. Ein solcher Baum wird dann noch jahrelang gestützt und so lange mit Bast- oder Strohhüllen geschützt, bis er feste Wurzeln geschlagen hat.

Jeder Baum trägt das Seine zur Wirkung des Gartens bei. Gärtner und Gartenliebhaber widmen den wichtigsten, den sog. „Schlüsselbäumen“ besondere Sorgfalt, befassen sich eingehend mit jedem Ast, um die beabsichtigte Wirkung zu erzielen. Koniferen werden von überflüssigem Nadelreisig befreit, ihre Zweige an Bambusgerüsten festgebunden. So erreicht man oft wahrhaft dramatische Effekte. Manche Bäume sehen aus, als stünden sie auf sturmgepeitschter Felsenhöhe oder in ferner Gebirgsgegend.

Nicht selten symbolisiert ein einziger Baum mit seinen Blüten oder farbigen Herbstblättern den Kreislauf der Jahreszeiten. Im Frühling sind es vorwiegend Pflaumen und Kirschen, im Herbst der Japanische Ahorn und im Winter die Japanische Quitte, die auch nach dem Laubfall ihre orangefarbenen Früchte behält.

Moose, Flechten und gewisse Gräser und Seggen vollenden das Bild des Residenzgartens. Mit Blumen geht der Japaner sparsam um. Es gibt verschiedene Arten von Schwertlilien, Pfingstrosen und Winden, beliebt sind Glyzinien, Magnolien, Azaleen und viele andere. Auf besonderen Holzbänken sind im Garten Schalen mit den bonsai und Miniaturgärten bonseki aufgestellt.

Die herkömmlichen Residenzgärten sind in allen Teilen des Landes zu finden. Die von Generationen erarbeiteten Kompositionsformen und Standardelemente haben der ganzen Nation die Gartenkunst zugänglich gemacht.

Die japanischen Hausgärten verdanken ihre Wirkung der schönen, ausgewogenen Komposition sowie der sinnreichen Nutzung relativ kleiner Flächen und Räume. Das Interesse an ihnen wächst vornehmlich mit der Entwicklung der modernen Architektur, denn diese legt auf eine möglichst enge Verbindung von Haus und Garten einen immer stärkeren Wert.

256 Bei modernen Hotels werden oft traditionelle Gärten angelegt, das Hotel Neu-Tagawa, Kokura

257 Der Garten greift auch in den Innenraum von Mietshäusern über

258 Der Berg Fuji, immer wieder Modell für künstliche Berge in großen sowie Miniaturgärten

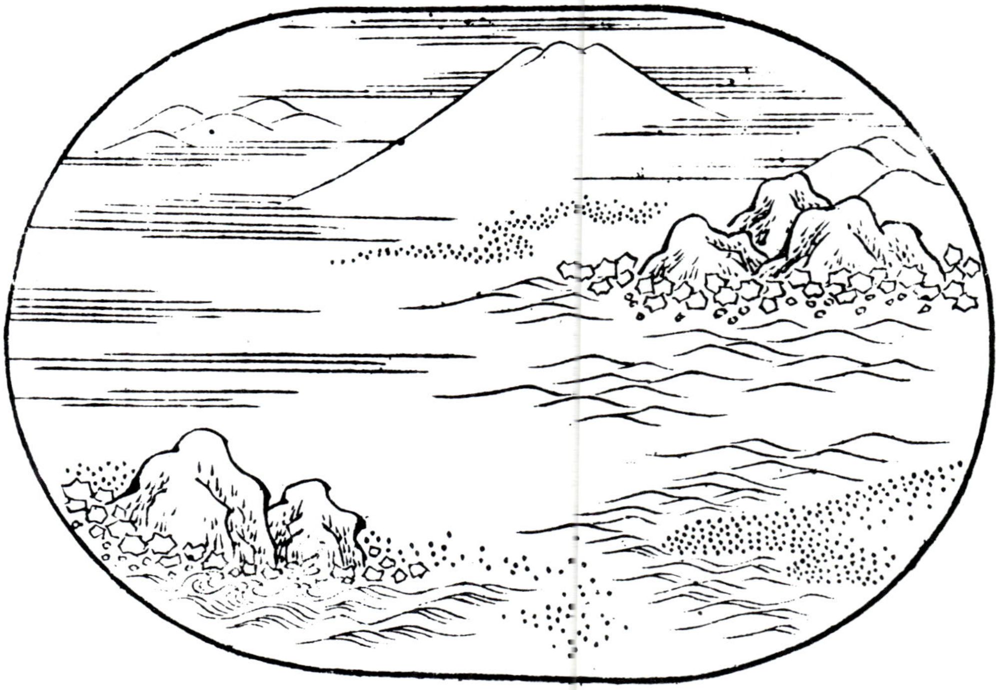

259 Miniaturgarten: Der Berg Fuji, Zeichnung in einem Musterbuch, 18. Jh.

Miniaturgärten

Die Fähigkeit, Großes durch Kleines, Mannigfaltiges durch Einfaches und Außergewöhnliches durch Gewöhnliches auszudrücken, ist seit altersher eines der wichtigsten japanischen Kunstprinzipien. Daher ist es den Künstlern so oft gelungen, die ganze Atmosphäre des Frühlings in einem einzigen krummen Zweig des in voller Blüte stehenden alten Pflaumenbaums oder in Versen festzuhalten, wie etwa in Bashos Gedicht „Der Pfirsichhain“:[73]

Der Pfirsichhain —
selbst der Flößer
vergißt eine Weile
das Ruder . . .

In ähnlicher Weise ist diese Stimmung in den Miniaturgärten verdichtet. Sie sind ebenso spezifisch japanisch wie die siebzehnsilbigen Gedichte Haikus oder die ikebana, das Blumenanordnen. Und wie diese sind die winzigen Gärtchen in Schalen Eigentum und Freude aller Bevölkerungsschichten. In der Gegenwart sind sie besonders bei den modernen Großstädtern beliebt, für die der Miniaturgarten häufig das einzig mögliche Ausdrucksmittel ihrer Naturverbundenheit darstellt.

Von allem Anfang an war die Miniaturgartenkunst mit dem japanischen Gartenschaffen eng verknüpft; sie hat sich zu einer ausgeprägten Kunstgattung entwickelt, deren Hauptunterscheidungsmerkmal die auf ein Minimum reduzierte Fläche einer Keramikschale bildet. Alles, was zu einem Landschaftsgarten gehört, findet sich auch hier in höchst verdichteter Form.

An dieser Stelle soll darauf hingewiesen werden, daß die Miniaturgärten keine deformierte Gestalt der Natur darstellen wollen, sondern ganz im Gegenteil deren innerstes Wesen in kleinstem Raum zu erfassen trachten.

Die ersten Miniaturgärten, die sog.

260 Bonsai mit künstlich geformten Ästen und Stamm, Föhre, 70 Jahre alt

bonseki[74], waren Kreationen aus Sand, Kiesel und Steingärtchen, die auf Lackpostamenten als kleine Landschaftsgärten gestaltet waren. Zur Heian-Zeit, vor mehr als elf Jahrhunderten, waren sie unterhaltsames Spielzeug des Hofes und Adels. Diese ersten Miniaturgärten zeichneten sich durch das Fehlen lebender Pflanzen sowie durch das nur symbolisch vertretene Wasser aus. Es waren somit trockene Gärten, wie sie noch heute einen häufigen Schmuck japanischer Innenräume bilden.

Unter chinesischem Einfluß entstanden neben diesen trockenen Miniaturgärten auch solche mit lebenden Pflanzen, Steinen und Wasser, und man begann sogar, Miniaturbäume in ihnen zu ziehen — die bonsai, wie man sie später nannte.

Schon damals bestand eine enge Beziehung zwischen dieser Kunstgattung und der Malerei. Landschaftsbilder chinesischer und heimischer Maler bzw. Skizzen reizvoller Naturszenerien dien-

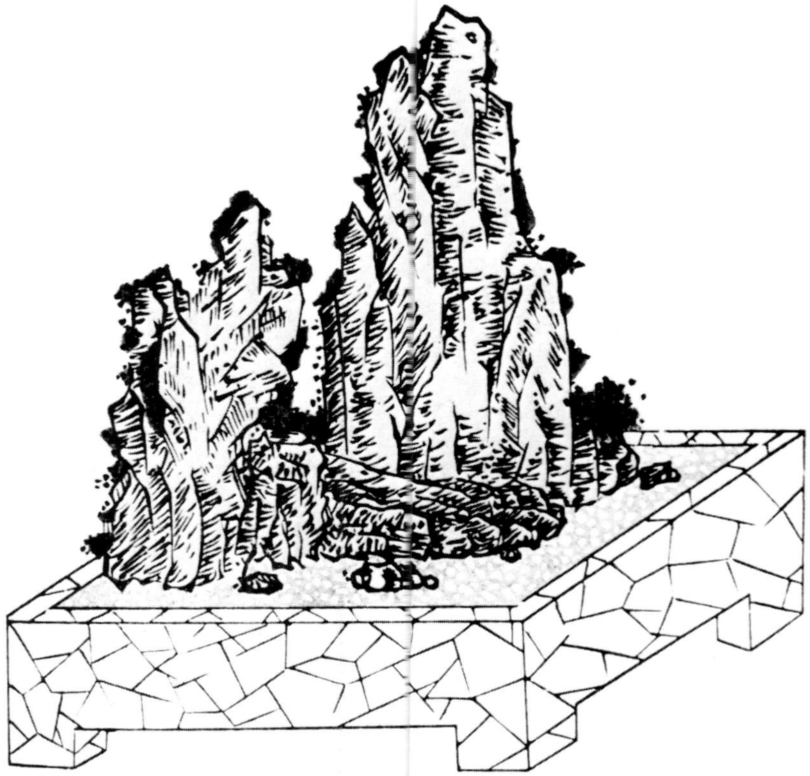

261 Bonseki, Miniatursteingarten, Zeichnung aus einem Musterbuch

262 Felsen und Klippen an der Meeresküste — häufig verwandtes Muster für Miniaturgärten

263 Wasserfall in Miniaturgarten, Zeichnung aus einem Musterbuch

264 Die Insel Matsushima. Derartige kleine Inseln sind beliebte Modelle für Miniaturgärten

ten als Muster von Miniaturgärten.

Ebenso wie die übrigen Gartenkunstgattungen erhielten auch die „Miniaturgärten" im 14. bis 16. Jh. unter dem Einfluß der Zen-Lehre eine neue philosophisch-ästhetische Dimension. Der beschränkte Raum der Keramikschale wurde zum Ansporn auf der Suche nach neuen Wegen künstlerischer Gestaltung, nach erhöhter Wirkung mit Hilfe der Andeutung, des Symbols. Die in jenen Jahrhunderten erarbeiteten Grundsätze für die Miniaturgartenkunst sind im wesentlichen bis heute gültig.

Die Hauptkomponenten dieser kleinen Kunstwerke sind wiederum Steine, Wasser und später auch Pflanzen. Ihre Verteilung im bonseki erfuhr allerdings gewisse Modifikationen; so mußten die Steine ihre in den großen Landschaftsgärten dominierende Rolle an die nach Wesensart und Symbolik hier wirkungsvolleren bonsai abgeben. Steine bleiben natürlich weiterhin wichtige Bestandteile der Miniaturgärten, denn sie können einen breiten Themenkreis ausdrücken. Nach den Kategorien, in die sie zerfallen,

265 Natürliche Landschaft mit Föhren auf Porzellanteller

266 Bonsai mit teilweise abgestorbenem Stamm, sabamiki-Typus, Wacholder, 250 Jahre alt

spricht man von Steinen ferner Gebirge, von Ufersteinen, Kaskaden-, See- und Inselsteinen. Von besonderer Wichtigkeit sind diejenigen, die die Vorstellung der Strohdächer einsamer Berghütten und damit ländlicher Abgeschiedenheit erwecken.

Die Steine für ihre Miniaturgärten suchen die Liebhaber entweder selbst im Freien oder kaufen sie in Spezialgärtnereien. Durch richtige Auswahl und Verteilung erzielen sie dann auf kleinster Fläche die Wirkung großer Entfernungen, hoher Gebirgszüge, rauher Meeresküsten und stiller Wasserflächen.

Aber die entscheidende und meistbewunderte Komponente des Miniaturgartens ist der Miniaturbaum, bonsai. Seine Anzucht ist zu einer wahren Leidenschaft geworden, die über das ganze Land verbreitet und jedermann zugänglich ist. Der Reiz dieser winzigen Bäume beruht darauf, daß sie trotz der vorgeschriebenen Maximalhöhe von 60-110 cm alle Eigenschaften vollentwickelter, im Freien wachsender Bäume haben. Sie werden mehrere Dutzend Jahre alt, und in seltenen Fällen können sie ein Alter

267 Formgebung der Stämme von Miniaturbäumen

268 Bonsai-Verkaufsstelle

269 Kleine Insel mit Föhren, natürliches Muster für Miniaturgärten

270 Miniatur-Landschaftsgarten, Zeichnung aus einem Musterbuch

271 Miniaturgartenschau

273 Ausstellung von Bonsai und Miniaturgärten

272 Ahornhain — Miniaturgarten

von mehreren hundert Jahren erreichen. Der älteste bonsai Japans ist über vierhundert Jahre alt und war einst im Besitz des japanischen Militärherrschers Iemitsu, eines Shoguns aus dem Geschlecht der Tokugawa[75]; dieser bonsai ist unbezahlbar, sein Wert läßt sich in Geld einfach nicht ausdrücken.

Ein bonsai gehört zu den Familienschätzen und wird vom Vater auf den Sohn vererbt. Nicht wenige Fälle sind bekannt, in denen sie ihr Besitzer bei Naturkatastrophen oder Feuersbrünsten vor allem anderen Hausrat in Sicherheit zu bringen suchte.

Wie aber erreicht man so niedrigen Baumwuchs? Vor allem durch Stutzen und Binden der Wurzeln, durch verschiedene Eingriffe ins Geäst, die Wahl geeigneten Bodens und Düngers, durch regelmäßiges Umsetzen und entsprechende tägliche Pflege — Beschatten, Aufdecken und Berieseln.

Die bonsai-Gärtner bevorzugen Setzlinge von Bäumen, die auch in Normalgröße kürzere Nadeln oder kleine Blätter tragen. Die kleinsten Miniaturbäume heißen „Fingerhut-bonsai" und werden drei Zentimeter hoch. Etwas größer sind die „Bohnen-bonsai" mit einer Maximalhöhe von 6 cm. Sie stammen größtenteils aus Felsenritzen im Gebirge oder aus den

274 Bonsai, chinesische Quitte, 70 Jahre alt

275 Bonsai, Wacholder, 200 Jahre alt, 82 cm hoch

mit angeflogenem Erdstaub gefüllten Dachrinnen und Traufen alter Tempel und Paläste in Kyoto und Nara.

Die Miniaturbäume werden nach ihrer Gestalt, zuweilen auch nach der Anzahl ihrer Stämme gegliedert. Als klassisch gilt der „hochaufgerichtete" Stamm, wie ihn alleinstehende Waldbäume haben. Ein solcher Baumstamm soll den Eindruck weiten Raumes erwecken. Ein anderer Typus ist der „schiefe" Stamm von Bäumen, die in felsigem Boden wachsen und heftigen Stürmen ausgesetzt sind. Wunderschön sind die „halbkaskadenförmigen" Knieholzstämme, die wie ein grüner Wasserfall vom höchsten Punkt eines Felsblocks herabströmen. Ein weiterer geschätzter Typus ist der „gekrümmte" Baumstamm, dessen Verformung der Wirkung von Schneestürmen zugeschrieben werden kann.

Im ausgehenden 19. Jahrhundert, da sich die Miniaturbaumzucht als große Mode über das ganze Land verbreitete, überboten sich die Produzenten an bizarren, gewaltsam verkrümmten Baumstämmen. Heute herrscht die Schule der natürlichen Schönheit vor, und die japanischen Händler bekämpfen selbst den Ausdruck „Zwergbäume", der für die bonsai im Ausland zuweilen gebraucht wird.

Von der Natur selbst verunstaltete Bäume stehen in Japan in hohem Ansehen. Man zahlt dort hohe Summen für einen alten sabamili — einen Baum mit zersplittertem Stamm, auf dem junge Zweige sprießen. Ein bonsai mit mehreren aus einer und derselben Wurzel wachsenden Stämmen ist von ganz eigenartiger Schönheit. Bei einschlägigen Wettbewerben fallen die ersten Preise in der Regel Miniaturbäumen zu, deren Wurzeln sich wellenartig an der Oberfläche kräuseln, oder auch solchen, die sich einer dramatisch bewegten Vergangenheit rühmen können; man bewundert ihre bizarren Formen und verheilten Wunden, bemüht sich, ihre „Gefühle" zu verstehen und ihre innere „Lebenserfahrung" zu erkennen, als wären sie beseelte Wesen, um sie dann besser in die Miniaturgärten hineinkomponieren zu können. „Die Schönheit der Föhre begreifen heißt in sie hineinsteigen und einswerden mit ihren Gefühlen", sagt der Dichter Basho.

Niemals darf der Miniaturgarten ein bloßes ästhetisches Abbild der Natur sein; er muß stets auch deren Bewegung im Wandel der Jahreszeiten ausdrücken. Denn auch aus den kaum merklichen Ansätzen keimenden Lebens mitten im Winter kann der Japaner in seinem Miniaturgarten die Blütenpracht noch ferner Frühlingstage vorausahnen. Ein blühender Pflaumen-, Birn-, Granatapfel- oder Azaleen-bonsai gehört zu den beliebten Neujahrsgeschenken.

In Japan gibt es über eine Million organisierte bonsai-Freunde. Sie geben ihre Zeitschriften heraus und veranstalten alljährlich Wettbewerbe und Ausstellungen im ganzen Land.

Oft hört man die Ansicht, die Anzucht von Miniaturbäumen und die Pflege solcher Miniaturgärten sei ein kostspieliges Steckenpferd, das nur Wohlhabende sich leisten könnten. Die Ansicht ist irrig: die Kunst des bonsai ist jedermann zugänglich. Der Anfänger kann in spezialisierten Gärtnereien für relativ wenig Geld „gebrauchsfertige" bonsai-Setzlinge erstehen. Die Gärtner verkaufen auch alle Arten von Miniaturgartensteinen und beraten den Käufer bei der Auswahl der geeigneten Keramikschale. Denn erst die Schale bewirkt, daß der Miniaturgarten seinen richtigen Rahmen erhält.

Die praktischen Vorteile dieser Gärtchen sind im beschränkten japanischen Wohnraum nicht von der Hand zu weisen. Auf unnachahmliche Weise schaffen sie in den vier Wänden die Illusion der lebendigen Natur. Der tragbare bonsai kann je nach Bedarf neben den Eingang, auf eine Holzbank oder in die tokonoma, die Wandnische im Wohngemach, gestellt werden und wird überall und immer ein Born der Freude sein.

Die Grundsätze der Miniaturgartenkunst gestatten es jedem, sich ihrer Pflege zu widmen, wenn er nur Sinn für Dinge hat, die schön und dabei so einfach sind, daß sie die meisten Menschen im Trubel des Alltags nicht wahrnehmen.

276 Bonsai- und Blumenfreunde veranstalten alljährliche Ausstellungen, zumeist in örtlichen Schulen, Tempeln und Kulturhäusern. Aus der Azaleenschau in Ise

277 Gebirgslandschaft, Muster für Miniaturgärten

278 Vulkanhang, Muster für bonseki oder bonkei

280 Titelblatt des zweiten Teils eines ▷ Gartenbuchs aus dem 18. Jh.

279 Trockene Landschaft, Miniaturgarten, Hosokawa-Schule 1969. Sand und Steine aus dem Seda-Fluß

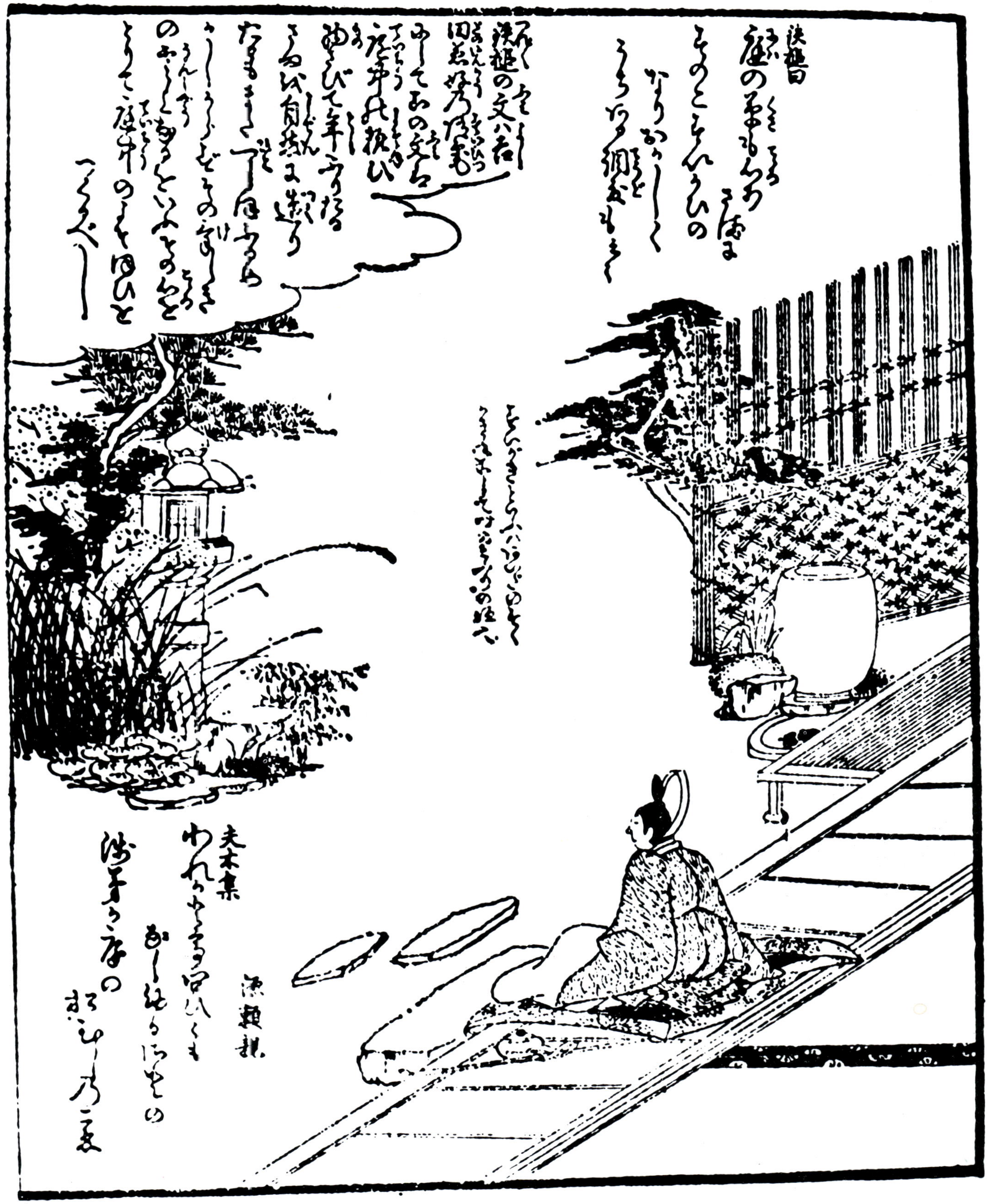

Anmerkungen

281 Blühender Strauch beim Heiligtum Kotohira, Shikoku

[1] Soami (gest. 1525), Zen-Mönch, Maler, praktischer und theoretischer Gartenkünstler. Von ihm stammt angeblich das „Handbuch der Landschaftsgärten" Tsukiyama sansuiden.

[2] Die japanische Gedichtform Haiku entstand im 16. Jh. als wichtigster Ausdruck der bürgerlichen Dichtkunst. Sie besteht aus 17silbigen Strophen in drei 5 — 7 — 5silbigen Versen, ist auf die Erfassung der Atmosphäre der Dinge gerichtet, ihr häufiges Thema bildet die Natur; sie ist bis heute lebendig.

[3] Die T'ang-Dynastie (618 — 906)
Die erste in chinesischen historischen Quellen überlieferte Erwähnung Japans stammt aus dem Jahre 57. Schriftliche Aufzeichnungnen über Beziehungen zu Japan finden sich in der offiziellen chinesischen Geschichtsschreibung der Späten Han (25 — 220 u.Z.) und des Königtums Wei (221 — 265). Auch die historischen Werke Sung-shu, Suei-shu a.d.J. 513 bzw. 630 und vor allem das im 11. Jh. kompilierte Hsin T'ang-shu befassen sich mit diesen Kontakten. Gärten vom chinesischen Typus mit künstlichen Seen und Hügeln, mit Bäumen und Sträuchern gab es der japanischen Geschichtschreibung zufolge bereits zur Zeit der Kaiserin Suiko (592 — 628).

[4] Heijo-kyo, heute Nara

[5] Die Nara-Zeit (710 — 794)

[6] Die Heian-Zeit (794 — 1185)

[7] Die ersten Hügelgräber der japanischen Herrscher gehen auf das 3. bis 4. Jh. zurück. Ursprünglich wurden sie auf den Gipfeln natürlicher Hügel errichtet, später auf künstlichen. Sie bestanden aus einem kreisförmigen und einem quadratischen Teil; ersterer war kleiner und niedriger. Vom 5. Jh. an baute man Grabhügel in der Ebene. Anlage und Umgebung zeugen von fortgeschrittenen gärtnerischen Arbeitsweisen.

[8] Manyoshu — eine im 8. Jh. entstandene und 4500 Gedichte umfassende Anthologie altjapanischer Dichtung in 20 Bänden. Die meisten Gedichte besingen die Natur im Wandel der Jahreszeiten.

[9] Sakuteiki ist das klassische Buch der japanischen Gartenkunst. Außer Gokyogoku Yoshitsune werden auch andere Verfasser angeführt, tatsächlich ist der Name des Autors unbekannt. Das Buch gilt als Nationalschatz. Es enthält Beschreibungen von Gärten im Rahmen der zur Heian-Zeit üblichen Shinden-Baukunst. Die Gärten der vom 13. Jh. ab im Shoin-Stil erbauten Häuser werden im Sakuteiki nicht mehr erwähnt. Anleitungen zur Anlage von Gärten wechseln mit systematischen Materiallisten und der Erklärung symbolischer Bedeutungen. Das Buch beruft sich auf den Gartenkünstler Tachibana Toshitsuna, der um die Mitte des 11. Jh. lebte, und schildert eingehend die zu dessen Lebzeiten angelegten Gärten. Die Anweisungen sind präzis und praktisch. So rät der Sakuteiki-Autor u.a.: „. . . Hohe Steine stelle nur auf dem Gipfel eines Hügels oder bei einem Wasserfall auf. Stelle keine Steine so dicht am Hause auf, daß sie seinen Fußboden überragen. Steine, die in der Natur aufrecht standen, lege nicht flach hin, und umgekehrt." Gewissen Steinen sprach er symbolische, ja politische Bedeutung zu: die Erde verkörperte den Kaiser, Steine den Adel und Wasser das Volk; die Erde wies mit Unterstützung der Steine dem Wasser Richtung und Weg. Hörte sie auf, fest zu sein, wälzte sich das Wasser, wohin es wollte. Daraus folgte die Lehre, daß der Kaiser auf den Adel achten sollte, um sich auf ihn stützen zu können. Der Sakuteiki-Autor gibt ferner Anweisungen zur Anlage von Landschaftsgärten mit künstlichen „Bergen" und zu „flachen" Gärten, die in der Ebene, zumeist an Meeresküsten oder Seeufern gelegene Landschaften vorstellen sollen.

[10] Po Chü-i (772 — 846) — einer der drei größten chinesischen Dichter. Als großer Gartenfreund erschloß er in seinem Werk die Bedeutung des Gartens für die menschliche Psyche und wußte die japanische Malerei, Dicht- und Gartenkunst dauernd zu beeinflussen. Im 16. Jh. interpretierte der Maler und Gartenkünstler Soami Pos Anschauungen.

[11] Chinesischer Einfluß ist in den ältesten Schilderungen japanischer Gärten deutlich zu merken. Es ist bekannt, daß der i. J. 626 verstorbene Höfling Soga no Umako in seinem Garten vor der Hausfront einen See mit Insel anlegen ließ. Der japanische Historiker Hirotaro Oka hält es für wahrscheinlich, daß die ersten Gärtner, die chinesische Erfahrungen nach Japan brachten, Koreaner waren; sie legten bereits Landschaftsgärten mit künstlichen Hügeln, Seen und Inseln an. Das Buch Manyoshu enthält die „Elegie auf den Tod des Prinzen Kusakabe", der in der zweiten Hälfte des 7. Jh. lebte; in der Elegie wird sein Garten beschrieben: da gab es einen See mit Felsenhöhen an den Ufern, die an eine gebirgige Meeresküste erinnerten, und zwischen verstreuten Felsblöcken blühten Azaleen. Die prinzliche Residenz hieß „Palast der Mandarineninsel". Vermutlich sahen die Residenzgärten der Adeligen ähnlich aus.

[12] Kaiser Shomu (724 — 749, laut anderen Angaben 701 — 756).

[13] Shoku Nihongi, eine der ältesten japanischen Chroniken aus dem 8. Jahrhundert.

[14] Tosanjo. Rekonstruktion von Palast und Garten durch Dr. Osamu Mori in „Japanese Architecture and Gardens", Tokyo 1966, S. 50.

[15] Ama-no-hashidate im Golf von Miyazu nordwestlich von Fuchu auf der Insel Honshu ist eine nicht ganz drei Kilometer lange Sandbank, mit phantastisch gestaltetem, vom Seewind gekrümmten Föhrenbestand. Diese Landschaft mit der Lagune Asoumi hat in der Vergangenheit viele Maler und Gartenkünstler inspiriert.

[16] Kaiser Saga (786 — 842)

[17] Murasaki Shikibu (975 — 1031), Verfasserin von „Die Geschichte vom Prinzen Genji", einem weltberühmten Liebesroman.

[18] Motoori Norinaga (1730 — 1801), Literaturkritiker, der sich vor allem mit dem Studium des Romans „Die Geschichte vom Prinzen Genji" befaßte.

[19] Die Lehre der buddhistischen Zen-Sekte (zen bedeutet meditieren) kam von China, wo sie ch'an hieß, nach Japan. Als Begründer dieser Sekte in Japan werden Eisai (1141 — 1215) und Dogen

(1200—1253) angesehen.

[20] Der Konfuzianismus, der im 2. Jahrhundert in China zur Staatsideologie erhoben wurde, brachte vom 7. Jahrhundert an eingreifende Veränderungen in Japan mit sich. Prinzregent Shotoku (573—621) oder (574—622) führte ihn in sämtliche Gebiete des Lebens ein und verstand es mit Hilfe dieser Lehre, die ganze Macht in den Händen des Kaisers zu konzentrieren.

[21] Die Kamakura-Zeit (1185—1392). Damals baute man neben den kleinen Gärten bei den Shoin-Wohnsitzen der Samurai auch weiterhin noch aufwandreiche große Gärten. Der Shogun Minamoto Yoritomo, der Begründer des Shogunats, war selbst ein Gartenliebhaber und hielt sich für einen guten Gartenbauer. Er beteiligte sich an der Planung und Ausführung des Eifukuji-Gartens in Kamakura. Der Mönch Seigen, der den Bau leitete, ließ große, über drei Meter hohe Felsblöcke herbeischaffen und stellte sie zu imposanten Gruppen zusammen. Die Anlage wurde i. J. 1193 vollendet. Laut Aussage der Chronik Azuma Kagami war der Garten so herrlich, daß ihn nur „Die neun buddhistischen Paradiese" übertreffen konnten. Auch in Kyoto wurde der Bau aufwandreicher Palastgärten fortgesetzt; oft waren dabei mehrere hundert Arbeiter beschäftigt. Man pflanzte hochstämmige Bäume, die samt ihren Schutzhüllen herangeschafft wurden. Die mächtigen Gartensteine wurden in besonderen Schlingen auf Kähnen und Fuhrwerken transportiert. Im Saihoji-Garten in Kitayama, Kyoto, ließ sein Schöpfer, der Mönch Sadaie, einen von siebzehn Stieren gezogenen berühmten Stein in Form eines Löwenhauptes aufstellen und auch dort hochstämmige Bäume setzen. Alte Quellenbücher schildern den Garten als bezaubernd: „Da standen schöngeformte künstliche Hügel und ein tiefer Wald. Der See sollte das Meer vorstellen. Ein Wasserfall rauschte tosend vom Gipfel des Berges, daß die Erde bebte, und der Sinn des Gartens war so tief, daß er zu Tränen rührte."

[22] Die Shogune aus dem Ashikaga-Geschlecht herrschten von 1338 bis 1573.

[23] Nachdem die Ashikaga-Shogune i. J. 1392 ihren Sitz von Kamakura nach Kyoto verlegt hatten, erhielt ihre weitere Regierungszeit den Namen Muromachi, nach dem Kyoter Stadtviertel, in dem sie sich niedergelassen hatten.

[24] Das Gartenbuch Sagaryu jiten niwa koho hidensho „Geheimes Gartenbuch der Saga-Schule" wurde laut Prof. Jiro Harada erstmals i. J. 1395 abgeschrieben, und zwar von dem näher nicht bekannten Mönch Yasuhiro. Es fand starke Verbreitung, die späteren mittelalterlichen Gartenbücher stützten sich häufig darauf. Wichtig an dem Buch ist der hohe Wert, der bei der Gartenanlage dem vorher ausgearbeiteten Plan beigemessen wird.

[25] Musoryu jiten — Aufzeichnungen der Muso-Schule. Abt Muso ist auch unter dem Namen Soseki bekannt.

[26] Die Nördliche Sung-Dynastie (960—1126). Die Regierungszeit der Südlichen Sung-Dynastie dauerte bis zum Jahre 1279.

[27] Der Shogun Ashikaga Takauji (1305—1358)

[28] Shubun Tensho (1414—1465), Maler, Schüler Josetsus, Kenner der chinesischen und koreanischen Landschaftsmalerei. Seine Tuschbilder im shijiku-Stil, wörtl. „Gedicht auf der Rolle", d. h. mit kalligraphischer Deutung versehene Gemälde, drücken tiefe Naturverbundenheit aus. Shubuns malerisches Werk hat auch die Gartenkunst beeinflußt.

[29] Der Maler Sesshu (1420—1506), ein Zen-Mönch, wurde während seines Studienaufenthalts in China auch mit der dortigen Gartenkunst bekannt. Zu seinen Meisterwerken gehört das Bild Ama-no-hashidate, das eine Landschaft darstellt, die bereits zur Heian-Zeit sowohl Malern als Gartenkünstlern als Motiv diente. Mit Sesshu wird die von den Künstlern der Sung-Zeit inspirierte Schwarzweißmalerei zu einer echt japanischen Kunst. Der sogenannte „Sesshu-Strich" wird oft als „malerische Gipfellinie" und sein Schwarz als „vollkommenes" bezeichnet. Charakteristisch für seine Bilder sind die kontrastierenden Umrisse von Felsen und Steinen; spontan und zurückhaltend drücken sie das Wesen einer Landschaft aus, das also, was das Hauptanliegen auch der Gartenkünstler war.

[30] Muso Kokushi heißt wörtlich „Lehrer der Nation". Diesen Titel erteilte der Kaiser auf Antrag des Shoguns. Muso erhielt ihn siebenmal, dreimal zu Lebenszeiten und viermal postum.

[31] Ashikaga Tadayoshi war der Bruder des Shoguns Takauji.

[32] Der Klostergarten Saihoji erstreckt sich am Ufer des Oi-Flusses im Westen Kyotos

[33] Die Azuchi-Momoyama-Zeit (1573 bis 1603 oder 1615)

[34] Ashikaga Yoshimitsu (1358—1408)

[35] Ashikaga Yoshimasa (1435 oder 1436)

[36] Tenryuji. Die ursprünglichen Klostergebäude wurden zu wiederholten Malen ein Raub der Flammen, die heutigen gehen auf das beginnende 20. Jahrhundert zurück. Das Hauptgebäude des Klosters heißt Tahoden. Nach einer Aufzeichnung in der Klosterchronik soll Muso bei der Erneuerung des Gartensees einen Stein gefunden haben, in den die Zeichen „sogen itteki" eingeritzt waren, die bedeuten, daß am Anfang jedes Wasserlaufs stets nur ein Tropfen ist. So benannte Muso den Klostersee Sogen und schuf auf diese Weise eines der Symbole, die im Geiste des Zen Meditation über die Einheit des „Einzelnen mit dem Ganzen" anregen, da ja ein Tropfen in jeder Form, im Wasserlauf, im Meer oder in der Wolke, immer an der Natur in ihrer unendlichen Ganzheit teilhat. Eine weitere Aufzeichnung in der Chronik betrifft Musos gärtnerische Arbeitsverfahren und die Gesamtatmosphäre des Klostergartens; so wird z. B. berichtet, daß gewisse Bäume aufgrund ihres Standorts das Rauschen von Meereswellen nachahmten oder daß der Geist der Heian-Zeit im Garten weiterlebte.

[37] Kaiser Go-daigo (1318—1339) wurde i. J. 1336 vom Schogun Ashikaga Takauji entthront, und dieser setzte einen anderen Herrscher ein. Go-daigo floh von Kyoto nach Yoshino, wo er den „Südlichen Hof" errichtete, so daß bis 1392 zwei Dynastien in Japan regierten.

[38] Das Shogunat des Tokugawa-Geschlechts (1603 oder 1615—1868). Die Regierungszeit der Tokugawa wird Edo-Zeit genannt.

[39] Die Meiji-Zeit (1868—1912) (Tokyo wird Hauptstadt)

[40] Tsukiyama teizoden — Ausgabe vom Jahre 1735.

[41] Das Kloster Ryoanji, 1473 von Hosokawa Katsumoto gegründet

[42] Das Kloster Daisenin erbaute Rokkaku Masayori i. J. 1509. Sein erster Abt war Kogaku Sotan, der heute als Gründer des berühmten Abtei-Steingartens gilt; ursprünglich wurde Soami als ihr Schöpfer betrachtet.

[43] Daitokuji, ein Kloster in Murasakino im Norden Kyotos. Es wurde i. J. 1324 gegründet, gehört der Rinzai-Sekte und umfaßt mehrere kleinere Nebenklöster.

[44] Nanzenji, ein Rinzai-Kloster östlich des Heian-Heiligtums in Kyoto; gegründet 1293.

[45] Kobori Enshu (1579—1647), Schüler des Ästheten und Teemeisters Furuta Oribe, der gleichzeitig Gartenschöpfer, Maler, Dichter und Kunstkenner war.

[46] Shodenji, Kloster und Garten. Das Kloster wurde 1282 von Ichijo-Imadegawa nach Kyoto verlegt. Der Garten liegt auf der Ostseite der Abtei. Die zu Steinformen zugestutzten Sträucher sind in Gruppen zu sieben, fünf und drei verteilt. Diese Komposition heißt Shishi-no-ko watashi, „Löwenjungen schwimmen über einen Wasserlauf" (ähnlich ist die Steingruppierung in Ryoanji auch als „Tigerfamilie, einen Strom überquerend" bekannt).

[47] Myoshinji — das größte Kloster der Zen-Sekte Rinzai in Kyoto; gegründet 1336—1338.

[48] Chanoyu ist die gegenwärtig meistgebrauchte Bezeichnung für die Teezeremonie. Die wörtliche Übersetzung „Heißes Teewasser" ist ein treffender Ausdruck der schlichten Eleganz, die auch die heutige Teezeremonie kennzeichnet. Die früheste Anmerkung über das Teetrinken geht auf die Regierungszeit Kaiser Shomus zurück (724—749). Er hatte i. J. 728 hundert Mönche zum Tee geladen, und trank mit ihnen beim Lesen der Sutras aus China eingeführten Tee. Zweifellos war das Teetrinken schon damals eine Art Zeremonie. Manche Historiker behaupten, die Samen, aus denen die ersten Teesträucher in Japan gezogen wurden, seien i. J. 805 von dem Begründer der buddhistischen Tendai-Sekte, dem auch unter dem religiösen Namen Dengyo Daishi bekannten Mönch Saicho, aus China nach Japan gebracht worden. Noch heute besteht in Sakamoto unweit der Stadt Otsu eine Teeplantage, wo ein ursprünglich aus jenen Samen hervorgegangener Teestrauch gezogen wird. Bereits i. J. 815 bestand ein „Teeamt" am Hofe. Verdienste um die Einfuhr von Teesamen haben sich auch weitere buddhistische Mönche erworben. Um die Verbreitung der Teezeremonie hat sich der Mönch Eisai Zenshi (1141—1215) am meisten verdient gemacht: er brachte ausgewählte Teesorten, eine Abhandlung über die Teezeremonie sowie Teegeschirr aus China mit.

[49] Sen no Rikyu (1521—1591). Seine Auffassung der Teezeremonie entwickelte sich in der zweiten Hälfte des 16. Jh. Rikyu war zuerst Teemeister am Hofe Oda Nobunagas (1534—1582), später diente er dem Hideyoshi Toyotomi (1536—1598), den er für seine schlichte Auffassung der Teezeremonie gewann. Diese Art des Teetrinkens übte dann auf die Weiterentwicklung der Zeremonie, des Teehausbaus sowie die Anlage der Teegärten entscheidenden Einfluß aus. (s. auch Anm. 54)

[50] Murata Shuko (1422—1509) war Teemeister des Shoguns Ashikaga Yoshimasa, eines großen Kunstmäzens. Er vereinfachte die Teezeremonie, verengte den Teeraum und führte den Brauch ein, Wandbilder mit kalligraphischen Aufschriften, die die Naturverbundenheit des Menschen ausdrückten, im Teeraum aufzuhängen. Er forderte, daß Harmonie, Ehrfurcht, Reinlichkeit und Ruhe die Atmosphäre der Teezeremonie bilden sollen.

[51] Wabi ist ein wichtiger ästhetischer Begriff. Er ist als unerläßliche Komponente japanischen Kunstgeschmacks noch heute lebendig.

[52] Sukiya hießen die ersten Teehäuser, sukiya tsukuri ist ein moderner Kunstzweig der Teehausarchitektur. Das Wort ist von „suki" — liebhaben abgeleitet, sukiya bedeutet „das Haus, in dem man nach Belieben Tee trinken kann".

[53] Soan meint wörtlich Einsiedelei, zugleich auch eine sehr einfache Art der Teezeremonie, wie sie Murata Shuko eingeführt hatte. Im Einklang mit dem wabi-Prinzip hat Sen no Rikyu Teehaus, Teegarten und Teezeremonie noch weiter vereinfacht.

[54] Hideyoshi Toyotomi (1536—1598), Militärherrscher von Japan, Freund der Teezeremonie, Förderer des Kunstgewerbes und Gartenbauer. Unter seinem Einfluß entstanden luxuriös eingerichtete Schlösser und Gartenvillen, die von Gold und Farbenpracht strotzende Wandbilder mit phantastischen Motiven schmückten; er beschäftigte berühmte Maler wie Eitoku (1543) und Sanraku (1557—1635). Hideyoshi überfüllte ebenso wie sein Vorgänger Oda Nobunaga seinen Garten mit Unmengen von seltenen Pflanzen, darunter auch Palmen, sowie Hunderten bizarrer Steine. Häufig erhielten beide Herrscher ausgesuchte Steine aus den Gärten von Adeligen und Klöstern als — erzwungenes — Geschenk. Trotz all dem hörte der Herrscher schließlich auf seinen Teemeister Sen no Rikyu und begriff den höheren Wert durchgeistigter Schönheit und zurückhaltender Anmut. Er ließ seinen „goldenen" Teeraum abreißen und huldigte von nun an dem Teetrinken in einer schlichten Soan-Hütte.

[55] Furuta Oribe (1543—1615), ein Teemeister.

[56] Daimyo, Bezeichnung eines Angehörigen des feudalen Großadels.

[57] Honami Koetsu (1558—1637), Maler, Keramiker und Gartenbauer.

[58] Eine Liste der wichtigsten Gärten ist in Matsunosuke Tatsui: Japanese Gardens enthalten, S. 86—95, s. Literaturverzeichnis.

[59] Sento Gosho — ein Kyoter Palast für den Kaiser im Ruhestand, errichtet auf Geheiß von Oda Nobunaga i. J. 1571. Im 17. Jahrhundert legten Kobori Enshu und sein Bruder Kobori Masaharu dort einen Palastgarten an, dessen zwei Teile, der nördliche und südliche, je einen See haben. Der Wasserfall ist fünf Meter hoch, die Steine an den Seeufern stellen eine felsige Küste dar. Trotz wiederholter Umbauten atmet der Garten noch immer Enshus Geist und Kunstgeschmack. Der einstige Palast besteht nicht mehr.

[60] Ogata Korin (1658—1716), ein Maler.

[61] Der Ritsurin-Garten in Takamatsu auf der Insel Shikoku, einer der größten und schönsten kaiyu-Gärten. Er erstreckt sich über eine Fläche von 750 000 m^2 und enthält sechs Seen sowie dreizehn Hügel. Bei seiner Anlage wurde der frühere, seit 1587 an derselben Stelle liegende Garten benutzt. Der Südliche See hat drei Inseln, Kaedejima — die Ahorninsel, Tokejima — die Kuckucksinsel und Tenyojima — die Engelsinsel. Diese ist vom gärtnerischen Gesichtspunkt die interessanteste: nach der Methode des sog. Schachtelschnitts — hako zukuri — sind Sträucher und Büsche zu geometrischen Formen, Würfeln und Quadern gestutzt. Diese Technik war zur Edo-Zeit beliebt und wird heute nur noch selten angewendet.

[62] Kaiser Gomizunoo (1596—1680) entsagte freiwillig dem Thron, um sich der Kalligraphie, Garten- und Dichtkunst zu widmen.

[63] Nijojo, ein Palast in Kyoto. Im 17. Jh. ließ ihn der Shogun Tokugawa Ieyasu erbauen. Anfangs gab es keine Bäume im Garten, denn „fallendes Laub erinnert zu stark an die Vergänglichkeit aller Dinge". Von den ursprünglichen zwei Palästen ist nur einer erhalten geblieben. Der Garten soll i. J. 1624 von Kobori Enshu angelegt worden sein. Seit jener Zeit wurde er des öfteren umgebaut. Seine größte Sehenswürdigkeit sind die Steinkompositionen an den Ufern des drei Inseln tragenden Sees. Im Nordosten des Gartens befindet sich ein Wasserfall. Der Garten ist auch unter dem Namen Ninomaru bekannt.

[64] Der bedeutendste Bau von Nikko ist das Mausoleum des Shoguns Tokugawa Ieyasu und seiner Familienmitglieder. Anlage und Umgebung des Heiligtums Toshogu zeugen von dem feinen Sinn des Japaners für ein Ineinanderfließen von Garten und Landschaft. Die Gebäude sind von einem Zedernwald umgeben. Die nachträglich gebauten Wege schlängeln sich zwischen den Bäumen dahin. Natur und Architektur bilden ein harmonisches Ganzes. Dieser Gartenkomplex wird vom Architekten Sutemi Horiguchi als „vollendeter Landschaftsgarten" bezeichnet.

[65] Die „Tempelinsel" Miyajima bzw. Itsukushima liegt unweit von Hiroshima. Ihr Shinto-Heiligtum steht zum Teil auf Säulen, die der Meeresgrund trägt. Es wurde nach seiner Entstehung (811) öfters umgebaut. Die geistreiche Nutzung von Ebbe und Flut erhöht die Schönheit seiner parkartigen Umgebung: Zur Zeit der Flut scheint das Heiligtum über den Wassern zu schweben.

[66] Die Villa Katsura wird oft unter der japanischen Bezeichnung Katsurarikyu — Sommerpalast des Kaisers — angeführt.

[67] Hachijo Toshihito (1579—1629)

[68] Obgleich die Anlage des Gartens Shugakuin schon für das Jahr 1629 geplant war, begann dieser erst viel später.

[69] Yukata — ein Sommerkimono aus Baumwolle.

[70] Das Blumenarrangieren — ikebana — ist eine sehr verbreitete Kunst. Seit dem Mittelalter bildete es einen unentbehrlichen Teil aller öffentlichen und Familienfeste und begleitete im Lauf des Jahres alle Geschehnisse in Haus und Garten. Bei diesen Anlässen war, wie geheime Blumenbücher berichten, die Wahl der für die ikebana geeigneten Blumen oder Blütenzweige besonders wichtig. Nicht nur nach ihrer Schönheit, sondern nach ihrer symbolischen Bedeutung werden Blumen für die ikebana ausgesucht. Sie sollen die Atmosphäre des Gartens und die der Innenräume aufeinander abstimmen.

[71] Kiyoyuki Nishihara: Japanese Houses, S. 133, Tokio 1968

[72] Tsukiyama teizoden, Tokio, Kajima shoten 1975

[73] Der Dichter Matsuo Basho (1644—1694). Nach der Übersetzung von M. Novák: Mond und Sterne, Prag, 1962)

[74] Bonseki — wörtlich Steine auf der Schale

[75] Iemitsu Tokugawa (1622—1651)

In dieser Publikation befinden sich über den japanischen Vokabeln abweichend von der häufig üblichen Schreibweise keine Akzente.

282 Eingangstordach in Horyuji, Detailansicht

Literatur-verzeichnis

283 Wasserbecken mit Kellen am Eingang in den Tempelgarten

Architecture and Gardens, hrsg. von Masso Ishizawa, Tokyo 1957
Bonsan hyakkei zu (Buch der Vorlagen für Miniaturgärten), 1785
Engel, Heinrich, The Japanese House, Tokyo 1964
Fukukita, Yasunosuke, The Tea Cult of Japan, Tokyo 1955
Furukawa, Ju, Karesansui no niwa, Nihon no bijutsu No. 61, Tokyo 1971
Fujikawa, Asako, Cha-no-yu and Hideoshi, Tokyo 1957
Fujiwara, Giichi, Shoin-zukuri kenkyu, Kyoto 1976
Grigorjewa, T. P., Japonskaja chudoshestwennaja tradizija, Moskwa 1979
Harada, Jiro, A Glimpse of Japanese Ideals, Tokyo 1937
Harada, Jiro, Japanese Gardens, Boston 1956
Hasegawa, Nyozekan, The Japanese Character, Tokyo 1966
Chamberlain, B. H., Japanese Poetry, London 1911
Japanese Architecture and Gardens, hrsg. von Hirotaro Ota, Tokyo 1966
Katsura rikyu to Shugakuin, Iwanami shashin bunko, No. 50, Tokyo s. d.
Kitamura, Iekyusai, Tsukiyama teizoden, 1735
Kitao, Harumichi, Chashitsu kenchiku, Tokyo 1941
Mori, Un, Shugakuin rikyu, Nihon no bijutsu, No. 72, Tokyo 1972
Mori, Un, Shugakuin rikyu, Nihon no bijutsu, No. 112, Tokyo 1975
Nikolajewa, N. S., Japonskie sady, Moskwa 1975
Nishihara, Kiyoyuji, Japanese Houses, Tokyo 1967
Okakura, Kakuzo, Das Buch vom Tee, Leipzig 1922
Ota, Hirotaro, Nihon kenchikushi josetsu, Tokyo 1962
Procházka, J., O květinách a zahradnictví v Japonsku (Über Blumen und Gartenkunst in Japan), Chrudim 1930
Rambach, Pierre, L'énigme du Daisen-in, La Connaissance de l'Art, No. 127, Paris 1962
Sagara, Tokuzo, Japanese Fine Arts, Tokyo 1958
Sansom, G. B., A Short Cultural History, Ruthland and Tokyo 1952
Schaarschmidt—Richter, J., Japanische Gärten, Baden-Baden 1977
Schaarschmidt—Richter, J., Der Japanische Garten, Würzburg 1979
Scheidl, Leopold, Die geographischen Grundlagen des Japanischen Wesens, Tokyo 1937
Senkeiban zushiki (Buch der Vorlagen für Miniaturgärten), 1826
Sources of Japanese Tradition, ed. by Ryusaku Tsunoda, Wm. Theodore Bary, Donald Keene, New York 1958
Suisho Nihon no meien, Kyoto Rinsen Kyokai, Kyoto 1978
Suzuki, D. T., Zen Buddhism, New York 1956
Takugawa, Gisei, Meien no saguru, Kyoto 1965
Tamura, Tsuoshi, Art of the Landscape Garden in Japan, Tokyo 1947
Tange, Kenzo, Architektura Japonii, Moskwa 1975
Tatsui, Matsunosuke, Japanese Gardens, Tokyo 1969
Tsukiyama teizoden, 1734, Ausgabe Kajima shoten, Tokyo 1965
Ueda, Makoto, Literary and Art Theories in Japan. Cleveland 1967
Watts, Alan W., The Way of Zen, New York 1962
Yoryo zukuri niwa no zo, Tokyo 1975

Anm. Die Holzschnitte sind aus „geheimen" mittelalterlichen Gartenbüchern, in vorwiegend aus dem 18. und beginnenden 19. Jh. stammenden Abschriften übernommen — siehe Literaturverzeichnis

Register

Die kursiven Zahlen verweisen auf die Abbildungen

284 Komposition mit Metallaternen. Daiyuin, Nikko